KB075119

기후정의

CLIMATE JUSTICE

기후정의

지속가능한 미래를 향한 희망, 회복력 그리고 투쟁

메리 로빈슨, 케이트리오나 팔머 지음

서민아 옮김

CLIMATE JUSTICE

P 필로소픽

희망과 회복력을 이야기하며
이 책에 영감을 준 모든 분에게 바칩니다.

마라케시

2016년 11월 11일 밤, 나는 마라케시 구시가지의 어느 게스트 하우스에서 잠을 못 이루고 있었다. 나는 기후변화에 관한 유엔 연례 회의에 참석하기 위해 파리에서 출발하는 비행기를 타고 그날 저녁 마라케시에 도착했다. 1년 전에 이루어진 파리 기후협약 타결은 탄소 배출량 제로, 더 회복력 강한 세계를 향한 중요한 전환점이 되었다. 이제 미국을 포함한 195개 나라의 대표들은 협약을 이행하기 위한 방법을 논의하기 위해 이곳 모로코시에 모여들었다.

늦은 밤, 나는 저녁 식사를 마치고 내가 설립한 재단 팀[1]의 보고를 받은 뒤 숙소로 돌아와 작은 뜰 한쪽에 자리 잡은 연한 청록색 웅덩이를 내려다보았다. 그러고는 불안감을 떨치지 못한 채 밤새도록 잠을 설치며 이리저리 몸을 뒤척였다. 며칠 전 미국 대통령 선거 결과, 도널드 트럼프가 대통령으로 당선되자 나를 비롯한 전 세계 사람들은 큰 충격에 빠졌다.

공교롭게도 그날은 26년 전 내가 아일랜드 대통령으로 당선된 날이었다.

마라케시로 향하기 몇 주 전, 소규모인 우리 팀과 함께 유엔 연례 회의를 준비하기 위해 사무실에서 장시간 근무하는 동안에도 나는 미국 전역에서 펼쳐지는 선거전에 줄곧 촉각을 곤두세웠다. 그리고 선거일이 다가오면서 트럼프의 승리가 예상되자 점점 불안해졌다. 트럼프의 반反기후변화 연설과, 세계 최강대국이자 역사상 최대 탄소 배출국인 미국이 파리 협약에서 탈퇴하겠다는 공약이 몹시 걱정되었다. 실제로 미국은 선거 나흘 전에 파리 협약 탈퇴를 강행했다. 다자 외교에서 성취한 세계 최대 업적 중 하나인 이 파리 협약은 전 지구적인 실존적 위협과 싸우기 위해 세계가 힘을 합할 수 있음을 보여주는 빛나는 사례였다. 트럼프의 대통령 당선은 마라케시에 모인 다른 나라들의 결의에 어떤 영향을 미칠까?

나는 파리 협약이 어느 한 나라보다 강하다는 걸 내심 알고 있었지만, 새로운 미 행정부의 전망에 대해 불길한 예감이 들었다.

위태로운 일들이 너무도 많았다. 10여 년 동안 나는, 기후변화로 최악의 피해를 입은 사람들을 만났다. 가뭄으로 고통받는 우간다의 농부들, 점차 가라앉고 있는 남태평양의 섬나라를 구하기 위해 고군분투하는 대통령, 물 공급을 호소하는 온두라스의 여성들. 이들은 공해가 불러일으킨 지구온난화에 가장 책임이 적은데도 가장 큰 피해를 입는 나라의 사람들이다. 문제 해결 방법을 찾기 위해 전문 용어로 가득한 관념적인 정책을 논의할 때, 이들은 간과되기 일쑤다. 하지만 나는 이들의 이야기를 들으면서, 기후변화와의 싸움은 기본적으로 인권 문제이며 기후변화의 영향으로 고통받는 이들, 즉 기후변화 문제에 가장 책임이 없는 약소국과 공동체 들을 위해 정의를 보장하는 문제임을 깨달았다. 이들도 기후변화에 대한 부담과 혜택을 공정하게 나눌 수 있어야 한다. 나는 이런 방식을 사람을 해결의 중심에 두는 기후정의climate justice라고 부른다.

마라케시에서 뜬눈으로 밤을 새운 다음 날 아침, 나는 한 가지 행동 방침을 밀고 나가기로 결심했다. 환경 문제를 해결하기 위해 계속 노력하고, 파리 협약을 무산시키려는 트럼프 정부의 활동에 저항하도록 미국에 촉구하는 성명을 발표하겠다고 말이다. 아침 식사를 하면서 우리 재단 이사장에게 내 계획을 상의하자 그는 우려를 표했다. 식사를 마치고 남편 닉에게 전화를 했다. 나의 멘토이자 훌륭한 협력자인 닉은 그때 아일랜드 마요 카운티의 우리 집에 있었다. 닉은 내 제안을 주의 깊게 들더니, 그처럼 강한 어조로 비난하면 오히려 역효과가 날 거라면서 연설도 성명 발표도 하지 않는 편이 좋겠다고 조용히 충고했다. 그래도 결심을 꺾지 못한 나는 더블린에 있는 나의 친구이자 가까운 조언자인 브라이드 로즈니에게 전화를 걸었다. "당신이 어떤 기분인지 이해해요, 메리." 브라이드는 나에게 말했다. "일을 바로잡기 위해 행동할 필요는 있지만 방법이 적절해야 해요. 이런 경우엔 당신에게 적절한 질문을 던질 기자만 있으면 돼요."

그날 늦은 아침, 나는 기후에 관한 논의로 떠들썩한 장소에서 벗어나 조용한 한쪽 구석에서 톰슨 로이터 재단Thomson Reuters Foundation(금융, 법률, 경영, 과학, 미디어 등에 관한 전문 지식 정보를 제공하는 캐나다의 다국적 미디어 그룹—옮긴이)의 로리 괴링과 카메라 앞에서 내 의견을 말했다. 엘니뇨 및 기후변화 유엔 특사로서 나는 감정을 억누르며, 최근에 만난 온두라스 지역의 여성들에 대해, 가뭄이 닥쳐 더는 물을 얻을 수 없는 여성들의 상황에 대해 설명했다. 나는 이 여성들의 얼굴에 새겨진 고통을 보았다. 그들 중 한 명이 했던 말을 나는 결코 잊지 못할 것이다. "우리는 물을 얻을 수가 없어요. 당신이라면 물

없이 어떻게 살겠어요?"

로리가 마이크를 가까이 움직였고, 나는 억눌린 심정을 토로했다. "어쨌든 세계에서 유일하게 파리 협약을 이행하지 않는 일종의 불량 국가가 된다면 미국과 미국 국민들에게 비극적인 일이 될 것입니다. 오늘날 전 세계에 피해를 입히고 있는 화석연료가 경제 전체의 기반인, 역사상 세계 최대 이산화탄소 배출국으로서 미국은 도의적 책임이 있습니다. 미국이 이를 회피한다면 비양심적인 일이 될 것입니다."

인터뷰를 마칠 때쯤엔 마음이 한결 가벼웠다. 내 의견을 말하고 당면한 도덕적 문제를 분명하게 밝히자 비로소 마음이 놓였다. 유엔 인권고등판무관이 되던 날, 시인 셰이머스 히니Seamus Heaney(1995년에 노벨문학상을 받은 아일랜드 시인─옮긴이)가 나에게 써준 글이 떠올랐다. "붙잡으세요. 적절한 때에, 과감하게."

그 주가 끝날 무렵, 기후에 관한 논의가 활발하게 전개되자 선거의 파장은 잠잠해졌고 나의 두려움도 가라앉았다. 참여 국가들은 시민사회 및 기업가들과 협력하여 파리 협약에 헌신할 것을 재확인했다. 참석자들은 다시금 긴박감을 느끼며 회담 뒤편에서 부산하게 움직였다. 먼지 자욱한 마라케시 변두리에 위치한 기후 회담장 복도는 그 어느 때보다 활기가 넘쳤다. 그리고 마지막 날, 가장 가난한 마흔여덟 개 나라가 이례적인 공약을 발표했다. 2050년까지 자국의 모든 에너지를 재생가능한 자원으로부터 얻겠노라는 내용이었다. 기후변화에 가장 취약한 일부 국가들이 앞장서서 파리 협약에서 세운 목표들을 전했으며, 이는 강력하고도 겸손한 선언이었다. 메시지는 분명했다. 뒤로 돌아가지 않겠다는 것, 미국의 참여 여부와 관계없이 전 세계 모든 나라는 정해진 목표를 밀고 나가리라는 것이었다.

차례

1장

기후정의란 무엇인가

2003년 12월 12일, 서른세 번째 결혼기념일에 나는 트리니티 칼리지 더블린에서 열린 어느 회의에 참석하고 있었다. 그때 휴대전화가 울렸고, 사위인 로버트가 가쁘게 숨을 내쉬며 소식을 전했다. 딸 테사가 방금 첫아이로 아들을 출산했다고 했다. 지금 병원에 오실 수 있으세요? 첫 손자를 만나보셔야죠. 로버트가 말했다.

나는 코트를 집어 들고 상쾌한 겨울 공기 속으로 들어갔다. 트리니티 칼리지를 벗어나 조지 왕조 시대의 정취가 느껴지는 더블린 중심부를 지나서 홀레스 거리와 국립산부인과 병원까지 10분쯤 걸었다. 31년 전 나도 이 병원에서 첫아이 테사를 낳았다.

나는 병동에 도착하자, 완전히 지친 상태지만 몹시 행복한 부부를 꼭 안아주었다. 부부는 이불에 감싸인 작은 뭉치 하나를 조심스럽게 내게 건넸고, 내가 그 안을 들여다보는 모습을 기쁘게 지켜보았다. 손자 로리와 얼굴을 마주보는 순간, 나는 아드레날린이 마구 솟구치는 걸 느꼈다. 지금까지 한 번도 느껴보지 못한 신체 감각이었다. 그 순간, 시간에 대한 인식이 바뀌어 어느덧 나는 백 년 단위로 시간을 생각하기 시작했다. 그리고 이제부터 지구의 위태로운 미래라는 프리즘을 통해 로리의 삶을 바라보게 되리라는 걸 직감했다. 나는 마음속으로 재빨리 예측해 보았다. 로리가 마흔일곱 살이 되는 2050년이면, 로리는 90억이 넘는 인구와 함께 지구를 공유하게 되리라는 걸. 전 세계가 화석연료에 의존한 결과, 이미 고통받고 있는 이 행성에서 수십억 인구가 식량과 물과 거주지를 찾아 헤매게 되리라는 걸. 그때쯤 지구는 어떻게 되어 있을까? 그때쯤 우리는 멸종 직전까지 내몰리지는 않을까? 내가 아주 오랫동안 회피해 온 기후변화를 다룬 추상적인 자료들이 별안간 지극히 개인적인 자료가 되었다. 이 작은 아기를 품에 안는 순간, 나는 기후변화가 내 손자에게, 그리고 모든 인류에게 위협을 가하리라는 걸 직감했다. 2050년이면 나는 이미 오래전에 세상을 떠났을 테지만, 어떻게 하면 로리뿐만 아니라 2003년에 태어난 아기들 모두에게 절망 직전의 세계가 아닌 살기 좋은 세계를 물려주기 위해 확실한 도움을 줄 수 있을까?

부끄럽지만 나는 비교적 최근에야 기후변화 문제에 관심을 갖게 되었음을 고백한다. 1997년부터 2002년까지 유엔 인권 고등판무관으로 일하는 동안, 유엔이 이미 기후변화 전담 부서를 마련했다는 사실에 안도했을 뿐, 이 문제에 거의 관심이 없었다. 내가 이 주제를 가지고 연설을 한 기억이 없다. 그러나 2003년 초에 '권리 실현: 윤리적 세계화 계획Realizing Rights: The Ethical Globalization Initiative'이라는 조직을 설립하기 위해 뉴욕으로 근무지를 옮긴 후 사정이 달라졌다. 이 조직은 특히 아프리카 국가들의 경제적·사회적·문화적 권리를 향상시키는 것이 목적이었다. 고등판무관으로 일할 때, 산업화된 국가들이 시민으로서의 권리와 참정권의 중요성은 강조하면서도 식량과 안전한 물, 건강, 교육, 양질의 일자리에 관한 권리 역시 똑같이 중요하다는 사실은 좀처럼 인정하지 않는 걸 나는 보아왔다. 나는 '권리 실현'과 함께 이 같은 역학 관계를 변화시키고, 약소국의 인권을 중요하게 다루며, 개발도상국들이 경제적·사회적으로 잠재력을 완전히 꽃피울 수 있도록 돕고 싶었다. 자신이 인간의 존엄성과 권리를 물려받았음을 개발도상국의 국민들이 깨닫길 바랐고, 이 권리들을 시행하고 준수함으로써 그것을 '실현'해야 한다는 것을 권력자들이 깨닫길 바랐다. 그러나 '권리 실현' 설립 초기에 이 같은 발전의 권리를 알리기 위해 아프리카 국가들을 여행할 때마다 한 가지 예기치 못한 문제에 계속해서 부딪혔다. 바로 기후변화 문제였다. 가는 곳마다 어김없이, 표현은 조금씩 다르지만 같은 이야기를 들었다. "그런데 요즘은 상황이 훨씬 나빠졌어요." 아프리카의 농부들은 수확 시기가 일정치 않아 예상 시기를 맞출 수 없다고, 몇 달씩 가뭄이 이어지더니 갑자기 홍수가 밀려들어 농장과 마을이 모조리 휩쓸려 갔다고 한탄했다. 미 대류과 아시아 전역에 거주하는 사람들은 허리케인이 집과 병원을 파괴하고 정부 서비스, 학교, 사업체를 마비시킨 상황을 이야기했다. 언젠가 얼음 위에서 발이 묶인 북극곰 영상을 본 적은 있지만 이처럼 기후변화의 최전선에서 일어나고 있는 일화들을 직접 듣고 있으려니, 지금까지 읽어온 과학 연구 결과들이 문득 떠오르면서 우려가 더 깊어졌다. 마치 어머니 대지가 우리에게 무언가를 말하려 하는 것 같았다. 땅의 자원들을 무서운 속도로 고갈시키다가는 결국 우리 자신이 종말을 맞게 되리라는 걸 말이다.

나는 기후변화가 과학적 관념이 아니라 전 세계 사람들, 그 중에서도 주로 가장 취약한 사람들에게 영향을 미친, 인간이 만든 현상임을 깨달았다. 산업 국가들이 화석연료를 이용해 계속해서 경제를 성장시키는 동안, 전 세계에서 가장 가난한 공동체들은 기후변화의 영향으로 크게 고통받고 있었다. 이 집단들은 기후변화의 원인인 이산화탄소 배출에 대한 책임이 가장 적지만, 가뜩이나 열악한 지리적 위치와 기후 회복력cli- mate resilience 부족으로 부당하게 피해를 입어야 했다. 한때 나는 빙하가 녹는 현상을 다소 소극적으로 지켜보기만 했다. 하지만 그렇게 녹은 빙하가 해수면을 상승시켰고, 그 결과 태평양과 대서양의 낮은 섬들은 수천 마일 안쪽으로 물이 범람해 마을과 생계 수단이 완전히 초토화되었다. 나는 기후변화가 허리케인이나 홍수 같은 갑작스럽고 난폭한 기상 현상에 그치지 않는다는 것을 이해하기 시작했다. 다시 말해, 서서히 변화하는 기후 패턴과 해수면 상승은 식량 부족, 공해, 빈곤에 서서히 그리고 꾸준히 더 심각하게 영향을 미치며, 수십 년 동안 이루어놓은 성장과 발달을 위태롭게 만들었다. 이러한 불평등, 말하자면 문제의 원인을 가장 적게 제공한 사람들이 가장 무거운 부담을 떠안는 현상은 전 세계적 기후변화에 관심을 기울이지 않으면 식량, 안전한 물, 건강, 교육, 주거에 가장 취약한 사람들의 권리 옹호가 아무런 효과를 얻지 못하리라는 것을 분명하게 보여주었다.

18세기 중반 무렵 산업혁명이 시작되면서 이산화탄소를 비롯해, 대기 밖으로 열이 빠져나가지 못하게 하는 다른 기체들의 배출량이 증가했고, 그 결과로 지구온난화가 촉발되었다. 그 이후 수세기 동안 유럽과 아메리카 대륙 전역의 여러 나라는 시골의 농촌사회에서 도시화된 산업사회로 전환되었으며, 이들 산업사회는 경제를 활성화하기 위해 화석연료, 특히 석탄과 석유를 이용해 부유해졌다. 화석연료를 이용해 부와 소비가 증가한 만큼 대기 중 온실가스 배출 비율도 높아졌을 뿐만 아니라, 잘못된 농경 방식과 삼림 파괴로 토지를 지속적으로 이용하는 것도 불가능해졌다. 용감한 코스타리카 외교관, 크리스티아나 피게레스Christiana Figueres는 이 과정을 배수구가 반쯤 열린 욕조에 더럽고 유독한 폐기물을 쏟아붓는 것에 비유하면서, 세계 195개 나라에 화석연료 의존도를 줄이도록 설득할 것을 유엔 단체에 촉구했다. 나무와 연료를 태울 때 발생하는 이산화탄소는 대기와 식물, 바다가 소화할 수 있는 것보다 훨씬 빠른 속도로 지구의 욕조 속으로 흘러들어 간다. 20세기 후반 무렵, 과학자들은 이 욕조가 곧 넘치기 직전이라고 경종을 울렸다. 대기 중에는 이미 온실가스가 잔뜩 쌓여서 지구 온도를 위험 수위까지 높이고 있었고, 그 결과 해수면 상승은 물론이고 기후 패턴에 급격한 변화가 일어나고 있었다. 과학자들은 우리가 무엇을 실천해야 하는지 분명하게 밝혔다. 이제 더는 욕조 안에 오물을 쏟아부어서는 안 된다고, 오물을 차츰 줄이도록 전 세계가 힘을 합해 노력해야 한다고 말이다.

1990년대에는 과학적으로 사고하는 용감한 정치 지도자들이 지구에 닥친 위협이 대단히 심각하다는 걸 알아차렸다. 1992년 리우데자네이루에서 열린 '지구 정상 회의Earth Summit'에서는 기후변화와 싸우고 그 결과에 책임지기 위한 전 지구적 노력을 조직화하기 위해 유엔 기후변화협약United Nations Framework Convention on Climate Change, UNFCCC 사무국을 창설했다. 리우데자네이루의 지구 정상 회의는 기존에 산업화의 혜택을 입은 선진국들에게는 온실가스 배출을 감축하도록, 선진국으로 진입할 개발도상국들에게는 사전에 온실가스 배출을 감축하도록 촉구하기 위한 조약인 '교토 의정서'의 초석이 될 터였다. 그러나 1992년에 역사적인 지구 정상 회의에서 밝힌 결의는 필요한 규모나 속도로 이행되지 못했고, 교토 의정서는 2005년에야 발효되었다. 당시 최대 탄소 배출국이었던 미국은 교토 의정서 역시 비준하지 못했다. 모두가 공유하는 국제적인 문제의 경우 대개 그렇듯이, 문제를 해결해야 한다는 데에는 모든 국가가 아주 쉽게 동의하지만, 문제를 해결하기 위해 직접 해야 할 일에 대해서는 각각의 국가가 쉽게 동의하지 않는다.

지구온난화 수준을 2℃(3.6°F) 이하로 유지하거나, 가능하면 산업화 이전 수준에 비해 1.5℃를 넘지 않도록 해야 한다는 데에는 전 세계적으로 합의가 이루어졌다. 전통적으로 2℃의 기온 상승은 한계점으로 간주되어 기온이 그보다 상승하면 기후변화의 결과가 위험에서 재난으로 바뀌는데, 대부분의 전문가들은 우리가 이미 그 수준을 초과했다고 입을 모은다. 지구에서 3℃나 4℃ 이상의 기온 상승은 일종의 '티핑 포인트tipping point(균형을 깨뜨리는 극적인 변화의 시작점 ― 옮긴이)'이므로, 이때부터는 예전으로 돌아갈 수 없을 거라고 과학자들은 경고한다.

전 세계 기온은 최초로 관측된 1880년 이후 2017년 초 현재까지 약 1℃ 이상 상승했다. 보통 사람들에게는 이 수치가 상당히 낮게 보일지 모르지만 세계 과학계 내에서는 경종이 울렸다. 걷잡을 수 없이 상승하는 온난화 수치는 인간의 생존을 유지하는 지구의 능력을 약화시킬 수 있다고 경고하기 때문이다. 이미 전 세계적으로 치솟는 기온이 기록을 갱신하고 있으며, 2017년 3월 현재 627개월 연속으로 평년 기온을 웃도는 현상을 보이고 있다.[1] 중세 후기 이후 유럽에서 가장 뜨거운 다섯 번의 여름은 2002년 이후에 나타났다.[2] 2015년 중동과 페르시아만은 73℃(163°F)라는 기록적인 기온 상승을 보였다.

2014년에는 주요 기후 전문가들로 구성된 유엔 조직, '기후변화에 관한 정부 간 협의체 Intergovernmental Panel on Climate Change, IPCC'는 세계가 현행 궤도를 유지한다면 이번 세기말에 4℃의 기온 상승을 기록할 것이라고 경고하는 보고서를 발표했다. 1880년의 기온 수준보다 1.5℃ 이상 기온이 상승하면 전 세계 산호초의 90퍼센트 이상이 지구에서 자취를 감출 것이다. 2℃ 이상 상승하면 전 세계 물 부족 현상은 지금보다 두 배 가까이 증가하고, 밀과 옥수수 수확량은 크게 줄어들 것이다. 오늘날 우리가 경험하는 지독한 폭염은 일상이 되고, 2017년 8월 텍사스주 휴스턴에 닥쳤던 수해처럼 해안 도시들은 수시로 수해를 겪어 수천만 명이 집을 잃을 것이다. 우리의 생존을 위협하는 거대한 폭풍이나 기상 악화를 소재로 한 에스에프 영화들이 더는 허구로 느껴지지 않을 때가 올지 모른다. IPCC는 기온이 산업화 이전 대비 3.6℃ 상승하면 대다수 지역에서 사람이 거주하기 힘들어지고 지구 전역에서 무수한 종의 '대대적' 멸종이 초래될 거라고 경고한다.

'권리 실현'을 설립한 직후, 나는 전 세계에 환경친화적 개발을 촉구하기 위해 런던에 본부를 두고 활동하는 싱크탱크인 '국제 환경 및 개발 연구소International Institute for Environment and Development, IIED'의 소장 직을 요청받았다. 이 훌륭한 연구소에서 일하면서 나는 평범한 사람들의 목소리를 경청하고 그들이 목소리를 내게 하는 것이 매우 중요하다는 사실을 깨달았다. 2006년에는 이 연구소 설립자인 바버라 워드Barbara Ward의 삶과 업적을 기리는 강연을 부탁받았다. 영국의 경제학자이며 작가이고 저명한 지식인이자 도덕적 지도자인 바버라 워드가 남긴 유산은, 기본적으로 환경과 개발은 연결되어 있다는 신념에 뿌리를 두었다. 언젠가 워드는 이런 글을 썼다. 인간은 이 지구에서 착한 손님으로 행동하는 법, 다른 피조물들처럼 지구에 조심스럽게 발 디디는 법을 잊어버렸다고. 2006년에 중대한 사건이 여러 차례 일어나면서 전 세계에서 발행되는 주요 일간지 1면에 기후변화 문제들이 실리자, 관련 논의에 대한 여론의 인식이 바뀌는 듯이 보였다. 전 세계 수백만 명이 미국 전 부통령 앨 고어Al Gore가 감독한, 주목할 만한 영화 〈불편한 진실An Inconvenient Truth〉을 보기 위해 몰려들었다. 같은 해에 지금까지와는 차원이 다른 기록적인 폭염으로 미국 전역에서 수백만 명이 사망했다. 영국에서는 니컬러스 스턴 경Lord Nicholas Stern이 영향력 있는 보고서인 〈스턴 보고서: 기후변화의 경제학Stern Review: The Economics of Climate Change〉을 발표했고, 그 보고서의 결론이 국제적으로 대서특필되었다. 그는 지금이라도 기후변화를 억제하고 그 영향에 대비하기 위해 투자한다면, 그것이 초래한 여러 가지 피해가 드러날 때까지 기다리는 경우에 필요한 조치들의 일부만 취해도 될 것이라고 주장했다.

바버라 워드를 기리면서, 나는 인간의 생득권을 천명한 '세계 인권 선언문' 제1조에 명시된 내용을 참석자들에게 상기시켰다. "인간은 태어날 때부터 자유로우며, 존엄과 권리에서 평등합니다." 그러나 기후변화의 영향에 대해 말하자면, 오직 만성적인 불평등과 인권의 쇠퇴만 계속되어 왔다. "너무나 오랫동안 많은 나라가 증거를 부정한 채 나태하게 대처할 구실을 찾으려 했습니다." 특히 미국과 오스트레일리아는 교토 의정서에 서명한, 명백한 도덕적 의무를 제대로 이행하지 못했다. "우리는 기후변화 문제에 대해, 선진국이 후진국에게 불리한 영향을 극복하도록 돕는 식의 시혜적 문제로 여겨서는 안 됩니다." 이 문제의 해결 여부는 선진국들이 이 문제에 가장 큰 원인을 제공한 만큼, 그 책임을 얼마나 실천하고 새로운 자세를 갖추어 다각적으로 노력을 기울이느냐에 달려 있을 것이다. "기후변화 문제는 대부분 공정성의 문제입니다. 모든 인간이 공유하는 이 지구에서 우리가 존속하려면, 지구에 살면서 얻는 이익과 짐을 보다 공정하게 배분하기 위한 방식에 모두가 동의해야 하고, 오늘날의 가난한 이들과 내일의 아이들 모두의 권리를 기억해야 합니다."

기후변화에 대처하려면 우리는 이 세상의 근본적인 불평등을 해결하는 동시에 가난과 소외, 불균형을 근절하도록 노력해야 한다. 불평등은 아직도 전기를 이용하지 못하는 전 세계 13억 인구와 여전히 모닥불로 음식을 만드는 26억 인구의 운명에서 구체적으로 드러난다. 우리가 기후변화 문제를 제대로 해결하려면, 화석연료가 아닌 재생가능한 에너지원을 이용해 이들에게 전기를 공급하고 요리용 스토브를 제공함으로써 그들의 삶이 개선되도록 해야 한다. 그렇게 함으로써, 다시 말해 이 수십억 인구를 위해 전례 없는 기회를 열어둠으로써 우리는 앞으로 나타날 전 세계적 빈곤과 불평등의 가장 심도 깊은 공세에서 이들 수십억 인구에게 권한 이양을 할 수 있을 것이다.

기후정의에 관한 인식 수준을 높이려면 지속가능한 개발과 기후변화에 대한 책임의 문제를 인권의 기준과 결합시켜야 한다. 기후변화로 최악의 영향을 받는 소외된 사람들을 위해 "사람이 먼저"라는 공약을 세워야 하고, 그들의 목소리를 자세히 전달하여 향후 기후변화 협상 테이블에 그들의 좌석을 마련해야 한다. 남아프리카공화국의 데즈먼드 투투Desmond Tutu 대주교의 말을 인용하면, 기후변화는 새로운 "희망의 서

사"가 될 수 있다.

◆◆◆

2010년 말 즈음, 나는 '권리 실현'의 임기를 예정대로 마치고 기후정의 자선 재단을 설립하고자 아일랜드로 돌아왔다. 우리는 세계 인권 선언문과 유엔 기후변화협약을 발판 삼아, 인권에 관한 원칙들을 이용하고 지속가능한 개발이라는 사안을 기후변화에 대한 책임과 결합하여 재단을 조직했다.

그해 11월, 멕시코에서는 제16차 '기후변화 당사국 총회 Conference of the Parties, COP', 즉 유엔 기후변화협약 '최고 대표들'의 연례 정상 회의가 열렸다. 1년 전, 덴마크 코펜하겐에서 열린 제15차 '기후변화 당사국 총회'에서는 여러 약소국이 강대국에게 밀려, 말 그대로 덴마크의 쌀쌀한 실외로 쫓겨나는 바람에 논의는 격한 분위기에서 결렬되었다. 나를 비롯한 많은 사람들은 멕시코 칸쿤에서 열리는 회담이 어떻게 전개될지 염려했고, 협상가들은 지난해에 있었던 참사 이후로 기후 회담이 활기를 되찾기는 어려울 것이라고 우려했다. 그러는 동안 멕시코 주최 측은 외무부 장관인 파트리시아 에스피노사 Patricia Espinosa의 지휘하에 칸쿤에 참석할 예정인 192개 나라에 연락을 취하면서 분위기를 순조롭게 조성하여, 이번 회담을 기후에 관한 논의를 제 궤도에 올려놓는 분기점이자 기회로 만들기 위해 힘든 한 해를 보냈다.

이번 회담은 뜻밖에도 여성의 힘을 널리 알리는 계기가 되기도 했다. 파트리시아 에스피노사가 국제 기후변화 회담을 주재함으로써 덴마크의 코니 헤데고르Connie Hedegaard, 남아프리카공화국의 마이테 은코아나마샤바네 Maite Nkoana-Mashabane의 뒤를 이어, 세 차례 연속으로 여성이 회담을 주재하게 될 터였다. 나는 이 여성 '트로이카' 리더십의 시너지 효과를 이용하여, 우리가 젠더 및 기후변화와 관련해 여성 지도자들을 위한 행사를 칸쿤에서 공동 개최하겠다고 멕시코 정부에 제안했다. 이 행사는 그동안 사람들 사이에 조용히 스며든 이론을 타진하기 위한 것이었다. 그 이론이란 권력을 가진 여성들과 기후변화의 최전선에 있는 일반 여성들을 연결함으로써, 모두가 힘을 합해 새로운 종류의 기후 행동주의를 만들 수 있다는 것이었다. 파트리시아 에스피노사는 자신과 코니 헤데고르, 마이테 은코아나마샤바네가 이끄는 네트워크를 만들자고 제안했다.

남아프리카공화국의 더반에서 기후 회담이 열린 다음 해에는 이 트로이카 동맹에 여성 지도자, 장관, 유엔 기구 대표를 비롯한 50명—그들 대부분이 어머니이고 일부는 할머니였다—이 가세하여 '트로이카 플러스Troika Plus'가 될 터였다. 우리의 회담 형식은 유난히 포괄적이었는데, 이 형식은 이후 이 트로이카 지도자가 일반 여성들을 기후 회담에 참여시켜 기후변화가 그들의 지역사회에 미치는 영향을 증언하게 하면서 더욱 발전했다. 대개 세계 각국의 지도자들을 위해 마련된 회담 테이블에서 이 평범한 여성들은 그들 자신의 이야기, 그들의 두려움, 그들의 좌절감, 그리고 많은 대표단들이 대수롭지 않게 여긴 소박한 필수품을 얻으려는 그들의 노력을 이야기했다.

'트로이카 플러스'는 기후변화에 관련된 모든 과업에 새로운 에너지 개념을 심어주었다. 사회 각계각층의 여성들이 일제히 앞장서서 회복력 신장에 도움을 줄 수 있게 되자, 여러 기후변화 협상에서 평범한 여성들이 더욱 크게 목소리를 낼 수 있었다. 2013년 4월에는 마침 아일랜드가 유럽연합 의장국이 된 때이기도 해서, 우리 재단은 아일랜드 정부와 손잡고 주요 기후변화 회담을 조직했다. 이 회담은 "빈곤, 영양, 기후정의"라는 제목으로 열렸고, 100여 명의 민간 기후변화 활동가들을 더블린에 초대했다. 미국의 전 부통령 앨 고어와 유럽연합 위원회 위원들 같은 주요 고위 인사들이 환영을 받았지만, 평범한 대중의 목소리를 들을 수 있다는 기대로 참석한 다른 이들도 한껏 고무되었다.

일반인 참가자들은 회담을 시작하기 전 주말에 오리엔테이션을 실시한 덕분에 장관을 비롯한 기타 고위 관리들과 함께하는 원탁 토론에 참석하기에 앞서 자신감을 높일 수 있었다. 오리엔테이션 이틀째 되는 날, 몽골에서 온 참가자인 두 여성 양치기가 행방불명인 것 같아 비상벨이 울렸다. 두 여성은 아침에 가장 먼저 눈에 띄었지만 그 뒤로 보이지 않았다. 수색대가 조직되었지만 어디에서도 그들을 찾을 수 없었다. 그들은 밤늦게야 돌아왔는데, 세찬 바람을 맞고 다녔을 텐데도 무척 즐거운 모습이었다. 그들은 더블린에서 출발해 반대편으로 거의 300킬로미터 떨어진 모허 절벽까지 줄곧 차를 얻어 타고 갔다고 했다. 육지로 둘러싸인 몽골의 완만한 평야 지대에서 평생을 살아온 그들은 아일랜드 서쪽 해안에 파도가 철썩이는 큰 바다가 있다는 신기한 이야기를 듣고서 바다를 한번 보려고 일곱 시간 걸리는 왕복 여행을 마다하지 않았던 것이다. "우리는 바다를 보고 싶었어요." 그들은 말했다.

이튿날 이 몽골 여성들은 이누이트 여성들, 라틴아메리카의 마을에서 온 여성들과 함께 옹기종기 모여 앉아 이야기를 나누면서, 기후변화에 대한 경험과 개인적인 이야기, 문제 해결 방법들에 공통점이 있다는 걸 발견했다. 주말 오리엔테이션으로 용기를 얻은 개인 참가자들은 자신감을 갖고 각자 토론에 참석했고, 정부 각료를 포함한 각국 지도자들에게 기후변화에 더 효과적인 변화를 일으키기 위해 어떤 조치를 취할 수 있느냐고 따져 물었다. 그들의 참여는 회담에 참석한 고위 관리들이 반드시 알아야 할 현실을 일깨웠다. 기후변화의 영향으로 고통받는 이들의 경험을 직접 들음으로써 참여의 힘과 원리를 겸허하게 상기할 수 있었던 셈이다.

또한 일반인들의 참여는 의사 결정자들이 '국제 개발 운운'

하는, 이해하기 힘든 용어 속에 얼마나 매몰되어 있는지도 선명하게 상기시켜 주었다. 잠비아에서 온 한 참가자는 회담 내용을 줄곧 주의 깊게 경청한 뒤, 마침내 고위급 참가자들이 앉는 원탁에서 손을 들어 의견을 말했다. "저는 지난 사흘 동안 계속 이런 표현을 들었습니다. '우리는 상자 밖에서 생각해야 한다think outside the box(틀에 박힌 생각에서 벗어난다는 의미—옮긴이)'라고 말이에요." 그녀는 이 상투적인 문구를 반복하면서 말을 이었다. "하지만 저는 이 말이 조금 이상하게 들립니다." 그녀는 곤혹스러워하며 계속해서 말했다. "우리 마을에서는 아무도 상자 안에서 생각하지 않거든요."

이 논쟁은 지구온난화가 불러일으킨 급격한 피해를 견디면서 자신의 마을이 적응하도록 돕기 위해 분투하는 대단한 사람들과 벌이게 될 수많은 논쟁 중 첫 번째가 될 터였다. 회복력과 희망에 대한 그들의 이야기, 기후정의를 향한 그들의 탐구는 그들 앞에 놓인 길을 환하게 밝힐 수 있을 것이다. 키리바시, 우간다, 미시시피에서 온 이 여성들과 남성들은 우리가 인류 최대의 과제와 씨름할 때 우리에게 길잡이가 되어줄 것이다.

2장

경험에서 배우다

케냐에서 양을 치는 유목민인 오마르 지브릴Omar Jibril은 마이크 앞으로 머뭇머뭇 다가갔다. 그는 지독한 가뭄이 지나간 뒤 자신이 사는 북동 지역 목초지들이 바싹 말라버려 키우던 소들이 사실상 떼죽음을 당했다고 갈라지는 목소리로 설명했다. "소 200마리를 키웠는데 지금은 겨우 스무 마리 남았습니다. 전부 죽었어요. 돈도 없고, 짐승들 먹일 사료도 자식들 먹일 음식도 없는 이런 상황을 상상해 보십시오."

기후변화의 피해를 최전방에서 목격한 사람들의 증언을 수집하기 위해 옥스팜Oxfam(옥스퍼드에 본부를 둔 국제 빈민 구호 단체—옮긴이)은 세계 전역에서 특별 조사 위원회를 열일곱 차례 열었고, 2009년 10월에 오마르는 '기후 공청회'에서 이같이 증언했다. 수차례 열린 공청회에서 수집한 증언들은 지구온난화 뒤에 가려진 인간의 희생을 강조하기 위해, 두 달 뒤 코펜하겐에서 열릴 유엔 기후정상회의에서 세계 지도자들에게 전달될 터였다.

기후 공청회에서, 나는 패널로 참석해 데즈먼드 투투 대주교의 옆자리에 앉았다. 농민 다섯 명—그 가운데 네 명은 여성이었다—은 기후변화가 자신들의 삶에 어떤 영향을 미치고 있는지 개인적인 이야기를 들려주기 위해 의석으로 다가왔다. 먼저 남아프리카공화국 남부의 수이드 보케벨드에서 소규모 루이보스 농장을 운영하는 농민이 입을 열었다. 그녀는 인근 지역과 해외 시장에 유기농 루이보스 차를 판매했는데, 가뭄과 기온 상승으로 수익이 완전히 바닥났다고 설명했다.

역시나 아프리카 말라위에서 온 농민이며 여섯 아이의 어머니인 캐럴라인 말레마Caroline Malema는 1년 반 전에 대규모 홍수 때문에 거주하던 지역이 완전히 폐허가 되었다고 설명했다. "밤에 강에서 무슨 큰 소리가 들려왔어요. 사람들은 '홍수다, 홍수!'라고 외치며 울부짖었고요. 이튿날 아침에 강으로 가보았더니 모든 것이 떠내려가고 가축들은 떼죽음을 당했더군요." 그 뒤 캐럴라인과 같은 처지의 마을 사람들은 농작물을 옮겨 심어보았지만, 홍수에 뒤이어 심각한 가뭄이 들이닥치는 바람에 수확에 실패했다. 마을의 일부 여성들은 이제 식구들을 먹이기 위해 매춘에 의지하고 있다고 캐럴라인은 말했다.

다음 증언자는 우간다 동부에서 온 콘스탄스 오콜레트Constance Okollet였다. 소농장 농부이자 마을의 지도자인 그녀는 조용히 품위 있는 태도로 의석을 향해 다가왔다. 자칭 '기후변화의 목격자'인 콘스탄스는 '기후변화에 대처하는 현명한 여성들Climate Wise Women'이라는 비영리 단체의 사절로 케이프타운에 온 적도 있었다. "저는 땅에서 무슨 일이 일어나고 있는

지 생생하게 목격했습니다." 콘스탄스는 부드럽지만 신중한 목소리로 말했다. "지금 무슨 일이 일어나고 있는지, 전 세계 모든 사람이 알아야 합니다. 기후변화가 초래하는 최악의 영향으로 서민층이 고통받고 있다는 사실을 말입니다." 콘스탄스는 가뭄, 갑작스러운 홍수, 기상 이변으로 2000년 이후 그녀의 작은 마을이 얼마나 황폐해졌는지 설명했다. "우간다 동부에는 이제 계절이랄 게 없습니다. 농사는 도박이 됐어요." 콘스탄스는 한때는 지역민들이 뭔가 알 수 없는 잘못을 저질러 신이 벌을 내린다고 믿었지만, 이제는 예측할 수 없는 날씨의 진짜 원인이 무엇인지 알게 됐다. "기후변화를 다루는 모임에 가서, 우리에게 이런 해를 입힌 것은 신이 아니라 서양의 부유한 사람들이라는 말을 듣고 나서야 진상을 알게 됐습니다. 우리는 그들에게 [배기가스 배출을] 멈추거나 줄이도록 요청하고 있습니다."

농민들 한 사람, 한 사람이 이야기를 할 때마다, 평소에 패기만만하던 대주교의 몸짓이 바뀌기 시작했다. 콘스탄스가 연설을 마쳤을 때, 투투 대주교는 심각한 표정으로 기운 없이 의자에 푹 주저앉았다. 회담이 시작될 때만 해도 그는 쾌활하고 당당한 태도를 보였지만, 한 시간가량 증언이 계속되는 동안 자신이 들은 내용에 크게 충격을 받았다. 나는 어린 시절의 기억을 떠올렸다. 내 아버지는 마을의 일반 개업의였는데, 아버지가 아일랜드 서쪽으로 왕진을 갈 때면 나도 따라가곤

했다. 마요 카운티의 도로 옆 좁다란 산울타리를 따라 아버지가 능숙하게 차를 운전하면, 나는 뒷좌석에 앉아 여행을 떠나는 것이 좋았다. 우리는 종종 차를 세워 들판의 건초를 수확하는 농부에게 길을 묻거나, 양 떼가 조용히 길을 지나가도록 잠시 멈추곤 했다. 그럴 때면 어김없이 그즈음의 날씨를 가지고 대화를 나누었고, 농부들은 비가 무섭게 내려서 혹은 더위가 지독해서 수확량이 말이 아니라고 소리 높여 불평을 늘어놓았다. 그 시절의 기억을 떠올리며, 나는 우리 앞에 앉은 다섯 농민에게 물었다. 나라와 세대는 다르겠지만, 다른 농민들도 날씨 때문에 늘 불평을 터뜨리는데, 당신들도 그와 같은 경우가 아니냐고 말이다.

콘스탄스는 내 눈을 똑바로 바라보며 잠시도 망설이지 않고 대꾸했다. "우리는 그런 것과 경우가 다릅니다." 그녀는 조용히, 그러나 단호하게 말했다. "'이건' 처음 겪는 일이에요."

부드럽지만 품위 있는 콘스탄스의 힐난은 기후 공청회가 끝나고 참석자들이 모두 퇴장한 후에도 한참 동안 내 마음에 남았다. 나는 마을에 기후변화의 피해가 닥치기 전에 콘스탄스의 삶이 어땠는지 자세히 알고 싶었다. 콘스탄스의 말대로 우간다 마을에 닥친 '처음 겪어보는' 일들과 최근의 날씨에 대해 구체적으로 소상하게 알고 싶었다. 콘스탄스의 이야기는 지구에 닥친 가장 큰 잠재적 위협을 말해 준다.

◆◆◆

　2007년 9월 어느 날 처음 물방울이 떨어지기 시작했을 때, 콘스탄스 오콜레트는 비가 오든 말든 상관없이 매일의 일과를 계속하려 했다. 콘스탄스는 진흙 벽돌로 지은 집 안을 쓸고, 아침을 짓기 위해 불을 피우고, 작은 마당 옆 텃밭에서 채소를 뽑았다. 그런데 시간이 흐를수록 빗줄기가 더욱 거세지자 걱정이 되기 시작했다. 4대째 농사를 지어온 집안인 만큼, 콘스탄스는 이 폭우가 지난 7, 8월에 그녀가 사는 작은 우간다 마을 아싱겟을 침수시킨 비정상적인 집중 호우와 양상이 비슷하다는 걸 본능적으로 직감했다. 우간다 동부의 장마철은 일반적으로 2월부터 4월까지 지속되었고, 10월과 11월에 다시 한 차례 돌아왔다. 6월부터 9월까지 4개월은 우기에서 잠시 벗어나는 시기여서, 콘스탄스는 그 시기에 작물을 수확했다. 7, 8월에 쉴 새 없이 계속해서 비가 내리는 것은 평소와 다른 현상이었으며, 그래서 주민들은 힘들어했다. 콘스탄스는 대략 7년 동안 급격하게 달라진 기후를 유심히 관찰했다. 몇 달간 이어진 극심한 가뭄이 끝나면 그보다 더 오랜 기간 우기가 이어져, 옥수수, 수수, 기장 같은 습기와 해충에 취약한 농작물들은 매해 시들어갔고 수확량이 크게 줄었다. 콘스탄스는 이처럼 예측할 수 없는 날씨가 이어지는 이유는 아싱겟 마을 사람들이 뭔가 재앙을 일으킬 만한 큰 잘못을 저질러 신의 노여움을 샀기 때문에 그에 대한 경고를 받는 것이라고 여기며 걱정했다. 그런데 9월 그날은 여느 때보다 더 무섭게 비가 쏟아지더니 땅거미가 질 무렵엔 갑작스러운 폭우가 마을을 덮쳤다. 콘스탄스는 마당을 집어삼킨 물을 자세히 들여다보다 소금기를 감지하고는 시간이 얼마 남지 않았음을 깨달았다. 콘스탄스와 그녀의 남편은 일곱 아이를 데리고 이웃 주민들과 함께 마을을 벗어나, 거기서 몇 킬로미터 떨어져 있으며 지대가 높고 안전한 여동생 집으로 향했다. "지금까지 경험한 홍수와 전혀 달랐습니다." 나중에 콘스탄스는 말했다. "이번 홍수는 온 마을을 덮쳤고 모든 걸 쓸어갔어요. 집들이 가라앉았고, 농작물과 가축은 전부 떠내려갔고, 사람들은 물속에 잠겨서 목숨을 잃었습니다."

뉴스 보도에서는 우간다에 폭우가 쏟아지고 심각한 홍수가 우간다 동부와 북부 전역을 덮쳐 도로와 다리를 이용할 수 없다고 설명했다. 피해가 가장 큰 지역에서는 학교와 집, 병원, 그 밖의 기반 시설들이 파괴되거나 크게 훼손되었다. 수만 명이 집을 잃는 처지가 되어, 우간다 정부와 인도주의 기구들은 서둘러 임시 거처를 마련하고 식량과 식수, 위생 시설, 의료품을 제공했다. 기상학자들은 아프리카 지역은 홍수, 가뭄, 산사태가 일어날 수 있을 뿐 아니라 장티푸스, 콜레라, 말라리아 같은 질병이 발생하는 등, 지구온난화로 가장 큰 피해를 입게 될 것으로 예측했다. 콘스탄스의 마을이 물에 잠기던 2007년에 아프리카의 스물두 개 나라가 수십 년 만에 최악의

우기를 겪었고, 무섭게 쏟아지는 폭우로 150만 명이 넘는 인구가 피해를 입었다.[1]

콘스탄스와 가족들은 그녀의 여동생 집에서 번잡하게 끼어 지내다가 2주 후에야 안전하게 집으로 돌아갈 수 있었다. 진흙 벽돌로 지은 마을 집들은 대부분 비에 허물어졌지만, 콘스탄스의 집은 큰 피해를 입긴 했어도 비교적 온전한 상태로 남아 있었다. 콘스탄스는 즉시 무너진 담을 보수하기 시작했고, 이웃들을 집에 들어오게 했다. 해질 무렵, 스물아홉 명이 축축한 바닥 위에 잠자리를 마련했다. "곡물 창고가 완전히 부서져서 우리는 먹을 게 아무것도 없었어요." 콘스탄스가 말했다. "마실 수 있는 깨끗한 물이 없어서 사람들은 콜레라와 설사에 걸렸습니다. 홍수로 고인 물 때문에 모기가 말도 못하게 많았고요. 우리 식구들은 말라리아에 걸렸습니다."

콘스탄스의 가족이 키운 여러 채소와 카사바, 기장, 수수 같은 저장 작물들은 홍수에 전부 떠내려가 가족들이 먹을 게 거의 혹은 전혀 없었다. 하는 수 없이 그들은 도움을 요청하기 위해 지방 정부를 찾아갔다. 한 번도 정부 지원을 요청한 적 없는 여성에게는 굴욕적인 순간이었다. "우리는 거지가 됐어요. 정부에서는 우리에게 콩 한 컵을 주더군요. 전체 가족에게 500그램을 준 거죠. 그것으로는 턱도 없었기에 우리는 대신 씨앗을 달라고 요구하기로 했습니다."

정부에서 빨리 자라는 씨앗을 제공받은 콘스탄스는 황폐한

텃밭에 그것들을 심기 시작했다. 씨앗은 홍수 이후 마을을 덮친 심각한 가뭄으로 마르고 퍼석퍼석해진 땅에 뿌리를 내리려 안간힘을 썼다. "홍수 이후로 6개월 동안 비가 내리지 않았습니다. 물 한 방울 떨어지지 않더군요. 식물들, 특히 카사바가 바싹 말라버렸지요. 사람들은 굶주리다 죽어갔습니다. 이제 상황은 정반대로 힘들어졌어요. 사람들은 스스로에게 묻기 시작했습니다. '왜 우리에게 이런 일이 생기는 거지?'라고 말이에요."

우간다 시골 지역에 거주하는 여성들의 생활은 상당히 고통스럽다. 콘스탄스의 경우, 새벽 다섯 시에 일어나 부엌에서 염소, 양, 닭 들을 몰아내고, 짚을 깐 바닥에 떨어진 가축의 똥, 깃털, 염소 털 등을 빗자루로 쓴다. 그런 다음, 그나마 가장 가까운 우물까지 1킬로미터를 걸어가 물을 긷는다. 집에 돌아오면 불을 지펴 아침을 준비해서 식구들을 먹이고, 그러고 난 뒤에는 하루 종일 밭에서 일한다. 콘스탄스는 하루에 최소한 세 차례 우물에 가고, 나무를 땔 때는 스토브로 점심과 저녁을 짓는다. 땔감은 그녀의 아이들이 학교에서 집에 오는 길에 관목 숲에서 주워 온다.

이해하기 힘들겠지만, 전 세계에서 소비되는 식량의 약 70퍼센트가 아시아와 아프리카 전역의 수백만 소규모 자작농과 자급농에 의해 생산된다. 그리고 농민 대다수가 여성이다.[2] 이 여성들은 농민일 뿐만 아니라 가정의 생계를 책임지는 가장으로 일하고 마을에서 중추적 역할을 담당하면서, 부득이 기후변화라는 가장 무거운 짐까지 견뎌야 한다. "우리 마을 여자들은 잠시도 쉴 틈이 없었습니다. 그런데 요즘은 기후변화 때문에 그들의 삶이 훨씬 열악해지고 있습니다." 콘스탄스는 말했다. "요즘은 물이 줄어서 우물에 더 자주 가야 하지요. 간혹 우물에 물이 얼마 없는 시기엔 낮에 가면 줄이 너무 길기 때문에 한밤중에 자다 일어나서 물을 길러 갈 때도 있어요. 어느 땐 밭에 갔다가 우리가 키운 작물을 훔치는 사람을 발견하기도 합니다. 이웃이 남의 집 작물을 훔칠 수밖에 없는 상황이라면, 매우 절망적이고 무척 굶주렸기 때문일 거예요. 가정 폭력도 늘고 있습니다. 여성들은 물을 긷고 땔감을 주우러 점점 더 먼 곳까지 가야 하는데, 어떤 남자들은 그런 사정을 이해하기는커녕 너무 오랜 시간 집을 비운다면서 아내를 때립니다."

어린 시절에 여덟 형제들과 함께 키소코에서 자란 콘스탄스는 소박한 즐거움을 누리던 때를 떠올린다. 그때만 해도 계절은 제때 돌아왔고, 가족들은 씨를 뿌리고 작물을 수확해 언제나 식량이 풍족했다. "어릴 땐 한 번도 홍수를 경험한 적이 없고 가뭄이 뭔지도 몰랐습니다. 비가 내리는 시기가 정확했어요. 매년 2월부터 4월까지 제때 비가 내렸지요. 해마다 식량은 넉넉했고, 곡물 창고에는 기장과 수수가 넘쳐났습니다. 질병 같은 것도 없었고요. 하지만 요즘 저는 마을에서 영양실조에 시달리는 아이들을 종종 봅니다. 노인 얼굴처럼 비쩍 마른 아이들 말이에요. 요즘 아이들은 예전의 반만큼도 먹지 못한 채 이틀이나 사흘 이상을 버텨야 하니까요."

나는 수년 동안 세계 각지를 여행하면서, 변화의 주역으로서 여성의 역할이 매우 두드러지고 있음을 거듭 목격했다. 도무지 해결 방법이 보이지 않는 역경에 맞닥뜨릴 때, 단체를 조직하고 주변에 자신의 존재감을 보여주는 사람은 대개 가정의, 지역사회의, 일반 서민층의 여성들이다. 콘스탄스의 경우도 역시, 극심한 홍수가 난 뒤에 스스로 문제를 해결하고 서로 돕기 위해 모임을 만들기로 결정한 사람은 콘스탄스를 비롯한 마을의 여성들이었다. 콘스탄스는 마을의 더딘 회복에 좌절했지만 지역 여성들의 생활을 개선하기로 결심하고, 2008년에 마을의 단결을 돕기 위해 '오수쿠루 여성 연합회'를 조직했다. 단체 이름은 콘스탄스가 살고 있는 자치군의 이름을 따서 지었다. 콘스탄스는 매주 자신의 집에 마을 사람들을 초대해, 검붉은 마당에 자리한 커다란 망고나무 아래에 모여서 서로의 문제를 공유했다. 닭들이 그들의 발 주변에서 흙을 쪼아대는 동안, 마을 사람들은 굶주림과 좌절에 대해, 수

수 한 톨 수확할 수 없는 바싹 마른 땅에 대해, 갈증과 질병으로 죽어가는 가축에 대해 이야기했다. 아이들이 학교에 갈 수 없을 정도로 몸이 허약해져 텅 비어버린 마을의 학교들에 대해 이야기했다. 절망한 부모들은 자식이 다른 집에서 목숨이라도 연명하게 하려고 다른 집 아이와 결혼시키는 경우도 있다고 낮은 목소리로 말했다. 콘스탄스는 이런 증언들을 수집해 지방 의회에 제출했다. 그러자 의회는 기부 물품의 품목을 씨앗과 비료 등으로 개선하고 파종 기계를 나누어주는 등 서서히 반응을 보이기 시작했다. 콘스탄스는 조금씩 의견을 개진했고, 내친김에 여성들에게 저축을 장려하기 위해 신용 조합을 설립했다. 조합원들은 매주 모여서 새 괭이나 밀가루 부대, 아픈 아이의 약을 살 수 있을 정도의 소액 대출을 받을 사람을 선정했다.

2009년 봄, 콘스탄스는 옥스팜이라는 비정부기구NGO가 토로로 마을 근처에서 불안정한 식량 공급에 관한 회의를 개최한다는 소식을 들었다. 이 회의에서 콘스탄스는 옥스팜 대표자들에게 마을에 들이닥친 끔찍한 가뭄과 기아에 대해 이야기했다. 며칠 뒤 옥스팜 대표가 콘스탄스에게 전화를 걸어, 160킬로미터 이상 떨어진 우간다 수도 캄팔라에서 열리는 회의에 참석해 줄 수 있는지 물었다. 그 회의에서 콘스탄스는 '기후변화'라는 말을 처음 들었다. "선진국들이 일으키는 과도한 환경오염이 기후변화의 실제 원인이라는 사실을 나는 알게 됐습니다." 나중에 콘스탄스는 이렇게 말했다. "기분이 나빴죠. 선진국 사람들도 우리 친구라고 생각했거든요. 우리는 똑같이 피가 흐르는 똑같은 사람이잖아요. 그런데 우리가 그런 고생을 겪는 동안 이 사람들은 인생을 즐기고 있었다니요. 그들이 우리에게 왜 이러는지 알고 싶었습니다. 선진국 사람들이 배기가스를 줄여 우리에게 예전의 평범한 계절을 되돌려 줄 수 있을지 알고 싶었습니다."

콘스탄스는 캄팔라에서 마을로 돌아오자마자 곧장 회의를 소집했다. 이웃들이 모두 모여 망고나무 아래에 앉았다. 콘스탄스는 몹시 흥분한 상태였다. 마을이 온갖 악천후와 장대한 싸움을 벌여야 했던 숨은 이유를 마침내 알았기 때문이다. 콘스탄스는 이렇게 말했다. "이웃들에게 기후변화에 대해, 지나친 환경오염에 대해, 잘못된 농사법에 대해, 그리고 전 세계 도시에 자동차가 얼마나 많은지에 대해 이야기했습니다. 기후변화는 변함없이 계속되겠지만, 우리는 상황을 바로잡기 위해 노력해야 한다고 말했습니다." 마을 사람들은 혼란스러워하면서, 공해를 일으킨 전 세계의 다른 나라 사람들이 자신들을 도우러 마을에 오지 않겠느냐고 물었다. 콘스탄스는 멀리 사는 낯선 사람들의 구호를 장담할 정도로 순진하지는 않았다. "저는 마을 사람들에게 말했습니다. 그런 일은 잘 모르겠지만, 우리는 스스로를 돕기 위해 노력해야 한다고 말이죠."

콘스탄스는 캄팔라에서 열린 기후 회의에서 알게 된 정보를 바탕으로, 마을 사람들에게 우리 자신부터 환경에 어떤 영향을 미치고 있는지 생각해 보자고 설득했다. 그리고 저 멀리 선진국 사람들이 공기를 오염시키는 문제는 잊어버리자고 말했다. 하지만 이토록 작은 마을에서 주변 땅에 미치는 피해를 줄이려면 어떻게 해야 할까? 다음에 또 비가 오면 콘스탄스와 마을 사람들은 마을을 어떻게 보호할 수 있을까? 콘스탄스는 캄팔라에서 참석한 기후 회의를 생각하면서 삼림 파괴에 관한 발표 내용을 떠올렸다. 숲을 영원히 잃으면 파괴적인 상황이 야기된다고 했다. 나무가 땅에 뿌리를 내리지 못하면 토양이 침식되고 그나마 남은 양질의 땅마저 큰비로 쓸려간다고 말이다. 콘스탄스는 마을 근처의 숲이 서서히 사라지는 건 마을 사람들이 궁여지책으로 장작이라도 팔기 위해 나무를 베기 때문이라고 생각했다. 하지만 이러다간 마을이 더 비참해지는 것 아닐까? 그래서 비가 오면 작물이며 집이 흙 속에 단단히 박혀 있지 못하고 떠내려갔던 걸까? 콘스탄스는 마을 사람들을 불러 모았고, 그들의 상황을 다시 지방 의회에 전달했다. 그리고 나무 한 그루를 벨 때마다 다섯 그루를 심게 하는 법을 통과시켜 달라고 의회를 설득했다. "지금은 모두가 나무를 심습니다." 콘스탄스는 말했다. "망고나무, 아보카도나무, 오렌지나무가 아주 많아요. 저는 매주 일요일마다 다른 교구로 가서 미사가 끝난 후에 연설을 합니다. 강단에

서서 사람들에게 말하지요. 기후변화는 오랫동안 지속되겠지만, 나무를 심으면 극복할 수 있을 거라고 말이죠. 나무를 심고 싶지 않다는 사람들에게는 이렇게 말합니다. 당신들의 손자들을 생각해 보라고요."

케이프타운의 기후 공청회에서 처음 울린 콘스탄스의 위엄 있는 목소리는 그 뒤로 설득력을 발휘했다. 나는 매년 유엔 연례 기후 회의에 참석하는데, 이제는 익숙한 억양이 들리면 고개를 들어 미소를 짓는다. 우리는 완전히 다른 환경에서 살고 있지만, 자식과 손자를 걱정한다는 점에서 둘 다 같은 할머니다. 세계 지도자들과 기후변화 운동가들에게 콘스탄스는 현실을 대변하는 날카로운 힘이며, 기후변화의 최전방에서 들려오는 생생한 목소리다. 대통령들과 수상들이 가득 들어찬 공간에서 우간다 출신 여성 농민의 이야기는 희망을 향한 궁극적 서사이며, 일상적인 기후변화에 대한 증언이다. 콘스탄스는 자신의 지역 행동주의를 강력한 전 지구적 목소리로 바꾸어 다른 활동가들에게 의욕을 불어넣는다. 그녀의 존재는 지구온난화의 영향을 몸소 경험하고, 변화를 가져오기 위해 용기 내어 목소리를 내는 평범한 여성들의 놀라운 힘을 끊임없이 상기시킨다.

언젠가 콘스탄스는 자신의 마을에 기후변화가 미친 영향에 관한 이야기들은 마치 물이 호수 안으로 폭포수처럼 흘러 들어가는 것과 같다고 말했다. 호수 안으로 흘러 들어가는 강물의 흐름을 호수가 막을 수 없는 것처럼, 기후 증언자로서 자신의 삶 역시 마찬가지라고 콘스탄스는 말한다. "우리의 이야기는 이 호수 안으로 흘러 들어가는 강물과 같습니다. 제가 계속해서 이야기하면, 우리가 끊임없이 우리의 이야기를 하면, 힘 있는 사람들이, 공해를 유발하는 기업들이 우리가 여전히 이곳에 있다는 걸 깨달을 겁니다. 그리고 스스로 묻겠지요. '이 사람들을 돕기 위해 우리는 어떻게 해야 하는가?' 하고 말입니다. 우리는 이야기를 멈추어서는 안 됩니다. 끊임없이 싸워야 합니다. 그러다 보면 언젠가는 그들이 바뀔 날이 올 겁니다."

3장

어쩌다 활동가가 되어

미시시피주 빌록시 Biloxi 동부의 여자들은 2005년 8월 허리케인 카트리나가 닥치기 전만 해도 주말 오후마다 샤론 핸쇼 Sharon Hanshaw의 미용실에 모여 머리도 하고 수다도 떨었다. 샤론이 미용실 의자들 사이를 부지런히 지나다니며 숱 많은 머리카락을 다듬고, 여러 가닥으로 땋은 머리카락을 틀어 올리고, 머리카락을 풍성하게 보이기 위해 웨이브를 넣는 동안, 고객들은 수다를 떨고 잡지를 읽고 매니큐어가 마르길 기다렸다. 미시시피 해협의 따뜻한 바다가 내려다보이는 이 해안 도시에서 샤론의 미용실은 여성들의 아름다움을 위해 21년 동안 각종 서비스를 제공해 왔다. 샤론이 개성 있는 짙은 금발 가발이나 적갈색 가발을 쓰고 고객의 머리를 손질하는 동안, 여자들은 가슴 절절한 사연, 순탄치 못한 결혼 생활, 괴로운 실직 상황 들을 털어놓았다. 최근엔 카지노 업장을 설립하는 것이 합법적으로 허용되어 미시시피 해안 곳곳에 요란한 업장들이 늘어섰지만, 샤론의 고객들 대다수는 그로 인해 발생할 빌록시의 경제적 변화를 미처 읽어내지 못했다. 한때 빌록시를 이른바 세계 해산물의 수도로 일컬을 만큼 활발하게 운영되던 통조림 공장과 해산물 공장은 폐업하게 되었고, 그 결과 많은 사람이 큰 타격을 입었다. 샤론은 비용을 지불

할 형편이 안 되는 여자들에게는 조용히 요금을 빼주었다. 침례교회 목사의 딸인 샤론은 인종적·경제적 차별이 만연한 이 지역에서 자신의 미용실이 쉼터로 사용되는 걸 당연하게 여겼다.

그런데 2005년 8월 29일 오전에 허리케인이 들이닥쳤다. 미시시피만 해안에 폭풍이 상륙하자 시속 140마일(시속 225킬로미터) 강풍이 불었고, 30피트(9미터) 높이의 폭풍이 빌록시 동부의 온 거리를 휩쓸고 지나갔다. 빌록시 해안을 따라 늘어선 집들이 홍수로 쓰러졌고, 어마어마한 잔해의 파도가 거리 안으로 밀려들면서 범람원에 자리 잡은, 주로 흑인들이 거주하는 마을 대부분이 와해되었다. 초대형 폭우가 쏟아지기 전, 샤론은 가족들 지인의 장례식에 참석하기 위해 마을을 벗어나 미시시피주 북쪽에 위치한 에버딘에서 약 300마일(약 480킬로미터) 떨어진 곳에 있었다. 그곳에서 샤론은 허리케인이 곧 들이닥칠 예정이라는 뉴스 보도를 듣고 걱정이 되어 아이들을 그리로 오게 했다. 마침내 샤론이 빌록시로 돌아왔을 때, 한바탕 폭풍이 휩쓸고 지나간 도시는 흔적도 없이 사라졌고, 90번 고속도로는 곳곳에 균열이 나 있었으며, 빌록시로 진입하는 다리들은 휘어지고 틀어져 있었다. 파손된 자동차들, 폭풍 속에서 산산조각 부서진 집과 건물의 깨진 잔해들이 높이 쌓여 도심의 도로는 통행이 불가능했다. 베이뷰 대로에 위치한 샤론의 미용실도 완전히 엉망이 되었고, 침수되어 썩은 물건들과 진흙 냄새가 진동했다. 샤론이 세 들어 살던 미용실 옆집은 비막이 판자 정면이 너덜너덜해지고 지붕 절반이 날아갔으며, 방마다 악취 나는 굳은 진흙이 무릎 높이까지 쌓여 있는 등 폐허가 되었다. 샤론의 빨간 세단 자동차는 뒤쪽 범퍼가 사탕 껍질처럼 찢어진 채 근처 공용 건물 벽에 거꾸로 처박혀 있었다. 바닷물에 여러 날 침수된 자동차는 구조가 불가능했다. 폭우는 샤론 딸의 침대를 낚아채 몇 집 떨어진 곳까지 끌고 가서 남의 집 정원에 처박아 놓았다.

샤론은 물에 흠뻑 젖은 집 안으로 들어가 잔해들 사이로 조심조심 걸음을 옮기며, 사진 몇 장과 한때 어머니 소유였고 그녀가 아끼는 오래된 탁자 하나를 겨우 건져냈다. 딸의 집에서 열여섯 시간 동안 웅크리고 앉아서 사진을 들여다보며, 샤론은 자신의 예전 모습이 남은 사진들을 지켜야겠다고 결심했다. 그러나 아무리 애를 써보아도 복원된 사진에서는 희미한 실루엣만 간신히 드러났을 뿐이다. "이 사진들을 간직하고 싶었습니다. 적어도 우리가 한때 살아 있었다는 걸 알게 될 테니까요." 샤론은 말했다. 만의 바닷물에 부풀대로 부풀어 틀어진 마호가니 탁자는 한눈에 보기에도 수선이 불가능해 보였다. 딸들은 샤론에게 이 탁자를 내다 버리라고 설득했지만, 샤론은 아랑곳하지 않고 초강력 접착제를 이용해 그것을 다시 이어 붙였다. 접착제는 울퉁불퉁 흉한 줄무늬 모양으로 굳어서 가뜩이나 보기에 딱한 탁자 상태를 한층 처참하게 만들었다.

허리케인 카트리나로 인더스트리얼 운하와 폰차트레인 호수의 제방들이 크게 붕괴되어 뉴올리언스의 80퍼센트가 침수되었고, 미국 남부 지역에서 1800여 명이 사망했으며, 100만 개 넘는 가구와 건물이 훼손되거나 파괴되었다. 뉴올리언스에서 거주하던 아프리카계 미국인 17만 5000명을 비롯해 100만여 명의 인구가 다른 지역으로 대피했다. 허리케인이 발생한 후 대다수 언론은 뉴올리언스를 집중 보도했지만, 멕시코만에 있는 다른 지역들의 파괴 상황도 그보다 처참하지는 않더라도 참담하기는 마찬가지였다. 미시시피주에서는 폭풍으로 노숙자가 10만여 명 발생했고, 수천 명이 실직했으며, 피해액이 250억 달러가 넘었다. 저지대 반도와 범람원에 위치한 빌록시는 그야말로 쑥대밭이 되었다. 샤론이 거주하는 빌록시 동부에서는 폭풍으로 마을이 황폐해지고 가족이 뿔뿔이 흩어지는 등 5000가구 이상이 파괴되거나 훼손되었다.

샤론은 5개월 동안 딸과 함께 미시시피주 걸프포트에서 생활한 뒤, 미국 연방재난관리청FEMA에서 트레일러를 제공받아 빌록시 동부로 돌아왔다. 마을로 돌아온 샤론은 온 거리가 여전히 전쟁 지역을 방불케 한다는 걸 확인하고 충격을 받았다. 길모퉁이마다 쓰레기가 쌓여 악취가 코를 찔렀고 그 주위로 파리 떼가 들끓었는데, 덥고 습한 날씨 탓에 악취가 더욱 심했다. 부식된 냉장고, 매트리스, 곰팡이 핀 옷 무더기 들이 결코 오지 않을 쓰레기 수거 차량을 기다리고 있었다. 물과 전기 공급은 수시로 끊겼고, 문을 연 식료품점은 좀처럼 찾을 수 없었다. 빌록시 동부 거주자들 수천 명은 노숙자 신세가 되었다.

마을에 떠도는 믿거나 말거나인 소문을 통해, 샤론은 부동산 개발업자와 카지노 소유주들이 재해 복구를 주도한다느니, 그들이 공무원들에게 로비를 해서 피해 입은 주택보다 카지노를 먼저 수리하기로 했다느니 하는 숨죽인 분노의 소리를 들었다. 폭풍이 지나간 직후, 미시시피주 주지사인 헤일리 바버는 의회를 설득해 연방 구호 기금 50억 달러를 일괄 지급하게 했다. 하지만 이처럼 전례 없는 예산이 투입되었는데도 샤론을 비롯한 미시시피주 저소득층 주민들은 복구 과정에서 뒷전으로 밀려났고, 지원 대상은 보험을 소유한 집주인으로 한정될 조짐이 보였다. 강풍으로 주택에 피해를 입은 주민들 외에 샤론 같은 세입자들은 지원 대상으로 부적격하다고 여겨졌다. 샤론은 격분했지만 어디에다 도움을 청해야 할지 알 수가 없었다. 그러던 2006년 1월 어느 날, 샤론은 마을 건너편에 있는 어느 장례식장에서 모임이 열린다는 사실을 알게 됐다. 빌록시에 남아 있는 몇 안 되는 멀쩡한 건물 가운데 하나였다. 돌아오는 월요일 밤, 히치하이크로 차를 얻어 타고 빌록시를 가로질러 모임 장소에 도착한 샤론은 쉰 명쯤 되는 백인, 흑인, 히스패닉, 미국계 베트남인 여자들이 커다란 테이블에 둘러앉은 모습을 발견했다. "여자들은 완전히 지쳐 있었어요. 모두가 가족을 잃은 사람들이었죠." 샤론은 당시 사람들의 모습을 떠올리며 말했다. "모두가 실직 상태라 가장 기본적인 필수품으로 겨우 목숨만 이어가고 있더군요. 그 여자들은 한목소리로 이렇게 말했습니다. '무슨 일이든 해야 해요'라고 말이에요."

주로 저소득층이나 소수자 집단으로 이루어진 지역에 거주하는 사람들은 부유한 지역에 거주하는 사람들보다 기후변화의 영향에 더 심한 타격을 입을 것이다. 허리케인 카트리나가 뉴올리언스와 멕시코만을 강타했을 때, 폭풍의 위력이 소수민족과 극빈층에게 더 크게 영향을 미쳤음이 드러났다. 허리케인 카트리나가 미시시피만에 들이닥치기 전, 미시시피주는 미국에서 빈곤율 1위였고 가구 평균 소득은 두 번째로 낮았다.[1] 허리케인은 90마일(약 140킬로미터)에 달하는 해안 지역을 휩쓸어, 남북 전쟁 이후 인종에 의해 분리된 이 지역의 실상을 고스란히 드러냈다. 당시 아프리카계 미국인들은 상습 침수 지역인 데다 위생 시설도 열악하고 유해 환경으로 둘러싸여 거주하기에 바람직하지 않은 이곳 습지대로 강제 이주해야 했다.[2] 가치가 낮은 이 '도시 외곽' 지역들은 미시시피 해안을 따라 뉴올리언스에서 모빌, 앨라배마로 이어지는 철로 뒤편에 위치했으며, 이 철로는 흑인 거주 지역과 부유한 백인 가정이 소유한 해변 앞 주택들을 분리하는 인종적 경계선이 되었다.

미국의 나머지 지역에서도 유사한 패턴이 드러난다. 해수면이 계속 상승하면 주요 대도시, 특히 보스턴, 뉴욕, 마이애미가 대규모 홍수에 맞닥뜨릴 위험에 처하게 될 텐데, 이때 정부 보조금으로 지은 해안가 주택에 거주하는 저소득층이 가장 위험한 상황에 놓일 것이라는 증거들이 새로이 제시되고 있다. 2012년 10월에 허리케인 샌디가 뉴욕시를 강타했을 때, 부유한 주민들은 대부분 맨해튼의 호텔에서 폭풍을 넘기거나 자동차를 타고 내륙으로 이동했다. 그러나 뉴욕시의 저소득층 거주자들, 즉 해안가 침수 지역 아파트에 사는 사람들의 경우, 폭풍이 얼마나 파괴적인지 직접 입증해 보였다.

연구자들[3]은 미국 서부 해안 지역의 경우, 폭염이 지속되는 시기에 로스앤젤레스에 거주하는 아프리카계 미국인들의 사망 가능성이 이 도시의 다른 거주자들에 비해 두 배가량 높다는 사실을 발견했다. 이곳 도심 빈민 지역의 거주자들은 에어컨이 설치된 환경에서 생활할 가능성이 적은 반면 열을 가두는 재료로 지은 건물에서 생활할 가능성은 높기 때문에, 아스팔트에서 뿜어져 나오는 열기가 기온을 악화시키는 '열섬' 효과에 더 쉽게 영향을 받는다. 그뿐만 아니라 도심 빈민 지역 거주자들은 오염된 공기를 마실 가능성이 더 높고, 건강보험 제도와 적절한 의료 혜택에 접근하기가 어렵다. 지구온난

화가 지속되고 스모그가 계속될수록, 도시의 저소득층 거주
지역 주민들은 불가피하게 가장 큰 피해를 입을 것이다. 빈곤
층은 기후 위험으로부터 회복할 수 있는 경제적 여건을 갖추
지 못할 뿐 아니라, 대개 열악한 지역에서 벗어날 수 있는 선
택권이 없다. 기후변화 문제와 싸우는 정책 입안자들은 도시
지역과 소수자 지역의 불평등이 기후변화의 핵심 쟁점으로
부상하리라는 것을 인정해야 한다. 그렇지 않으면 가뜩이나
거대한 기후 차이는 이러한 인종 간 불균형과 경제적 불이익
에 의해 한층 확대될 것이다.

내가 유엔 인권고등판무관으로 일하는 동안 가장 힘들었던
과제는 2001년 9월에 남아프리카공화국 더반에서 열린 세계
인종차별철폐회의World Conference against Racism 사무총장 직이었
다. 앞선 두 차례의 세계인종차별철폐회의가 실패로 끝났지
만, 이번엔 온갖 역경에도 불구하고 성공적으로 마무리되었
다. 나는 우리가 사는 세상에 인종 차별과 외국인 혐오가 얼
마나 만연한지 깊이 깨달았다. 상호교차성 intersectionality 이론
도 알게 되었다. 상호교차성 이론이란 인종 차별, 노인 차별,
성차별, 동성애 혐오 같은 사회의 억압적인 관습들이 독자적
으로 만들어지는 것이 아니라, 상호 연관되며 지속적으로 형
태를 갖추어간다는 이론이다. 샤론의 이야기는 빈곤, 성차별,
인종 차별이 결합된 것으로, 샤론이 이끄는 여성 집단이 각종
차별에 어떻게 대응하는지 보여주었다.

◆◆◆

　시민 평등권 운동(1950~1960년대에 미국에서 흑인의 평등권을 요구하던 운동—옮긴이)이 전개되던 시기에 빌록시 동부에서 자란 샤론은 부모와 조부모가 잔혹한 '짐 크로 법Jim Crow law'으로 고통을 겪는 모습을 지켜보았다. 미국 남부를 지배한 짐 크로 법은 학교, 화장실, 공원, 음식점, 버스, 기차, 식수대 등 공공시설에서 흑인을 차별할 수 있다는 공식적인 인종 차별 정책이었다(인종 차별은 1862년에 법적으로 폐지되었으나 1960년대에도 여전히 짐 크로 법이라는 인종 차별 법과 관습이 만연했다. 짐 크로는 가난하고 어리석은 흑인을 지칭하는 의미로 사용되었다—옮긴이). 빌록시 해변에도 '백인만 입장 가능'이라는 팻말이 세워져 아프리카계 미국인들에게는 출입 금지 구역으로 간주되었다. 1950년대에 어린 시절을 보낸 샤론은 집에서 코앞인 해안가 백사장에 발을 디디는 것이 왜 금지되어야 할 일인지 도무지 이해할 수 없었다. 그 대신 샤론과 그녀의 형제들은 버스를 타고 그림 같은 해안을 지나 인근의 걸프포트까지 가서, 연방 정부 소유라고 표시된 재향군인 건물 앞 작은 모래밭 근처에서 수영을 하며 놀았다. 샤론의 아버지 루이스 페이턴은 침례교 목사이자 시민 평등권 운동의 존경받는 지도자로, 1959년부터 1963년까지 빌록시 해변을 따라 '웨이드 인' 시위'wade-in' protest(흑인이 백인 전용 풀에 들어가 인종 차별에 항의하는 시위—옮긴이)에 수차례 참가해, 흑인의 접근이 금지된 해변에 대담하게 뛰어 들어가 백인 남성들과 함께 흠뻑 햇볕을 쬐고 수영을 했다. 1960년에 빌록시에서 일어난 두 번째 '웨이드 인' 시위는 미시시피주 역사에서 가장 과격한 폭동으로 이어져 도시 전역에서 며칠 동안 싸움이 벌어졌다. 그로부터 몇 년이 더 지나 1968년이 되어서야 마침내 모든 인종이 빌록시의 여러 해변을 함께 이용할 수 있게 되었다.

샤론의 아버지는 아내 메이미와 함께 빌록시 중심가에서 키티캣이라는 음식점을 운영하기도 했다. 그는 자식들에게 신앙을 지키며 부지런히 일하면 인종 차별 같은 역경을 극복할 수 있다고 가르쳤다. 그의 좌우명 "기도하고 믿어라. 그리고 할 수 없는 일 대신 할 수 있는 일을 언제나 믿어라"는 허리케인 카트리나의 여파로 최악의 시기를 보내는 동안 샤론에게 큰 힘이 되어주었다. 1월의 그날 밤, 샤론은 빌록시 장례식장의 흐릿한 어둠 속에 앉아, 연방 정부와 시 정부가 구조 및 복구 단계에서 빌록시 동부 거주자들을 배제했다는 말을 들으며 아버지를 생각했다. 그리고 어떻게 하면 자신과 마을 주민들이 복구 과정에서 발언권을 가질 수 있을지 고민했다. "조직되지 않은 유일한 집단은 빈곤층뿐이라는 걸 분명하게 알게 됐습니다. 우리에겐 필요한 것이 무척 많았지만 발언권이 전혀 없었어요."

세 번째 장례식장 모임에서 여성들은 빌록시가 복구되는

동안 저소득층 거주자들을 위한 지원 단체를 만들자는 데 동의했다. 몇 주 내로 샤론과 몇몇 여성은 '변화를 찾는 해안 지역 여성들 Coastal Women for Change, CWC'이라는 비영리 단체를 설립하기 위해 '21세기재단'으로부터 3만 달러의 종잣돈을 확보했다. 샤론은 자진해서 서기를 맡았다. "제가 기록을 할게요. 회의에도 가겠어요." 샤론은 여자들에게 말했다. "우리 모임을 정당하게 만들고, 우리의 목소리를 세상에 들려줄래요." 타고난 리더인 샤론은 이내 자신에게 더 많은 일을 해낼 잠재력이 있음을 깨달았고, 몇 개월 안에 상임이사로 선출되었다. "미용사 일이 지도자가 되기 위한 준비 과정일 줄 누가 알았겠어요." 샤론은 웃으며 말했다. "제가 이렇게 될 줄은 전혀 예상하지 못했습니다."

폭풍의 습격을 맞기 1년 전인 2004년, 미시시피 해안 지대를 따라 늘어선 카지노 업체들─육지에서는 카지노 업체를 운영할 수 없다는 미시시피 법을 준수하기 위해, 해상에 뜬 바지선, 부두, 보트 위에서 운영되었다─은 10억이 넘는 수익을 내, 빌록시는 라스베이거스와 애틀랜틱시티에 이어 미국에서 세 번째로 활발한 도박 도시로 평가되었다. 그러나 허리케인 카트리나가 해상에 있던 부유식 구조물들을 공중으로 던져 올려 육지에 패대기치는 바람에 빌록시의 카지노들은 장난감 배처럼 산산조각 부서져 완전히 파괴되었다. 2005년 10월, 이제 막 빌록시 시내 대청소가 시작될 무렵, 미시시피주 입법부는 도박 관련 개정 법안을 통과시켜 해안에서 800피트(약 240미터) 이내에 위치하는 조건으로 카지노 업체를 육지로 이전할 수 있게 했다. 도박 산업의 재건을 돕기 위한 목적으로 개정한 새 법안은 즉시 효력을 보였다. 며칠 내로 카지노 소유주 몇 명이 빌록시로 돌아오겠다는 의사를 밝혔다.

몇 개월 뒤, 베이뷰 대로 위로 높이 솟은 32층 건물, 임페리얼팰리스 카지노를 새로 지으면서 주차장 부지를 마련하기 위해 샤론의 미용실과 집의 잔해들을 불도저가 밀어 날랐다. 철거를 마친 후, 자갈이 깔린 주차장에서 샤론의 예전 삶을 상기시키는 것이라고는 한때 우편함을 걸어두던 나무 한 그루가 전부였다. 시 당국이 카지노 거리에 늘어선 친구들과 이웃들의 집을 철거하는 현장을 지켜보면서, 샤론은 빌록시의 복구 작업은 사람이 아니라 카지노에 유리하도록 진행되고 있다는 걸 확인했다. 시는 카지노가 빌록시 주민들에게 매우 중요한 일자리를 제공할 거라고 반박했지만, 샤론에게 그런 주장은 설득력이 없었다. "이 사람들은 차가 없어요. 집도 없습니다." 샤론이 말했다. "그런데 어떻게 일을 하러 가겠어요? 저는 일자리와 경제 발전에 반대하는 게 아니라, 집이 먼저고 사람이 먼저라는 걸 말하는 겁니다. 카트리나가 지나간 후 첫 번째 복구 대상은 사람이 아니었습니다."

몇 주 뒤 샤론은 지역사회 포럼을 열고 빌록시의 시장, 시의회 의원들, 기타 선출 공무원들을 초청했다. 빌록시 동부에 거주하는 주민들 200여 명도 참석해 시장에게 울분에 찬 질문을 퍼부었다. 몇 주 뒤에 샤론과 CWC 회원들은 재정, 교육, 교통, 토지 이용, 주택 공급을 위해 시장이 주재하는 계획위원회에서 다섯 개 의석을 차지했다. 자동차도 없고 태풍으로 대중교통은 여전히 제 기능을 하지 못하는 상황에서, 모든 분과 위원회에 꼬박꼬박 참석하기란 여간 힘든 일이 아니었지만 샤론은 고집스럽게 밀고 나갔다. "어떤 회의든 다 참석했습니다. 여기저기에서 차를 얻어 타면서요. 제가 한 일은 그게 전부였어요."

'미시시피 사회정의 센터Mississippi Center for Justice'는 시민의 평등권에 관한 자문과 아프리카계 미국인을 비롯해 미시시피주 소수민족 거주자들에게 법적 지원을 제공하는 단체인데, 이곳에서 활동하는 변호사 라일리 모스Reilly Morse는 이 지역에서 열린 토론회에서 처음 샤론을 만났다. 근처 걸프포트에서 사는 모스는 이번 폭풍으로 그의 법률 사무소에 막대한 피해를 입었다. "[카트리나 때문에] 법률 사무소가 완전히 부서져서 건질 게 아무것도 없었습니다. …… 파산 신청을 하는 수밖에 없었지요." 폭풍의 여파로 모스는 재해 복구 사무소를 열기 위해 빌록시로 거처를 옮겼다. 이 사무소는 지역에 남은 주민들을 비상 대피소로 대피시키고, 임시 주택을 마련해 주며, 재해 복구 지원금을 더 많이 받을 수 있도록 도왔다. 모스는 개인적으로 손실을 입었으면서도 자신은 운이 좋다고 말했다. 그는 자신의 집과 가족은 허리케인 카트리나에서 살아남았지만 빌록시에 거주하는 여러 새 고객들은 자신처럼 운이 좋지 않다는 걸 알았다.

모스는 샤론이 복구 과정에서 인종과 민족의 경계선을 넘나들며 일을 처리하는 모습을 지켜보면서 샤론의 능력에 깊은 인상을 받았다. "샤론은 인종과 민족을 막론하고 모든 여성을 통합하는 특별한 재능을 지녔습니다. 저는 빌록시에서 만들어진 '변화를 찾는 해안 지역 여성들' 같은 단체를 지금까지 본 적이 없는 것 같습니다." 그가 말했다. "별안간 인종과 민족에 관계없이 다양한 여성들과 마주해야 한다는 사실은 지역 지도자들에게 강렬한 인상을 남겼지요."

샤론은 모스와 함께 '단계별 연합Steps Coalition'이라는 지역 단체들과 협력하고, 빌록시에 남은 주민들의 필요를 보다 자세하게 알기 위해 2006년 여름 내내 이동식 주택 문을 두드렸다. 여러 단체들과 활동가들은 저마다 자율성과 우선 사항을 지키는 동시에 하나의 연합체 아래에 통합되어 서로의 활동을 연결할 수 있었다. 샤론에게도 분명 나약한 면이 있었지만, 그럼에도 그녀는 모스와 다른 활동가들에게 영향력 있는 협력자였다. "샤론은 수십 년 전 시민 평등권 운동의 일부 지도자들처럼 직설적이고 바른말 잘하는 사람이었습니다." 모스가 말했다. "선거권이 박탈되고 신용을 잃은 사람들을 샤론은 진심 어린 목소리로 대변했어요. 샤론은 허공에 대고 말하고 있었지만, 저에게는 대단히 강렬하게 들렸습니다."

그해 여름, 샤론은 범죄가 늘어 노인이 문밖으로 나올 엄두를 못 내고, 젊은 엄마들은 아이를 돌보느라 직장에 못 다닌다는 사실을 알게 됐다. 사기, 바가지요금, 지나치게 높은 임대료 때문에 주민들의 원성이 자자했고, 허리케인이 닥치기 전 간신히 위험한 관계에서 벗어났던 일부 여성들은 그런 관계를 다시 시작하는 수밖에 없었다. 샤론은 주야 순찰 및 감시 횟수를 늘려달라고 지방 경찰에 요청했고, 직장에 다니는 엄마들을 위해 소규모의 재택 아동 보호 프로그램을 시작했다. 십시일반으로 모은 아주 적은 돈을 가지고 샤론과 CWC 회원 여성들은 주거 환경 개선 기금을 설립하여 저소득층 가정에 주택 보수 지원금 500달러를 신청하도록 장려했다. 그리고 수해 지역을 넘어 시 전역에 저소득층을 위한 공공 임대주택 개발 사업을 촉구하려는 계획을 세웠다. 카트리나 발생 1주년 즈음 허리케인 시즌이 다가올 때가 되자, 샤론은 빌록시 동부의 중·장년층 주민들에 관한 데이터베이스를 구축하고 허리케인에 관한 인식을 고취하는 워크숍을 열어, 나중에 폭풍이 닥칠 때 언제든지 대피하기 위해 구호 장비를 준비하도록 주민들을 도왔다. "이제는 다들 자기 집 현관 옆에 플라스틱 상자를 두고 그 안에 운전면허증, 출생증명서, 보험 관련 서류, 손전등, 식량, 물, 선불제 휴대전화를 넣어둡니다." 샤론이 말했다. "때가 되면 묻지 않고도 알아서 움직이는 거죠." 카트리나에서 살아남은 뒤로 샤론은 다음에 비슷한 상황이 닥칠 경우 시 공무원들이 그녀가 사는 지역에 구조하러 오리라고 좀처럼 믿지 않았다. "가난한 지역은 가장 심각한 피해를 입습니다. 그 지역을 벗어날 방법이 없으니까요."

폭풍 이후 미시시피 주지사 헤일리 바버는, 미시시피주에 지급된 총 복구 기금 50억 달러 가운데 일부는 저소득층 가구를 위해 사용되어야 한다는 요건을 철회할 것을 워싱턴에 요구했다. 폭풍을 겪은 지 2년여가 지난 2007년 11월, 주에서는 중위 소득 및 고소득 주택 보유자와 대규모 사업가를 위해서는 보상금 17억 달러를 지급했지만, 빈곤층을 돕기 위한 프로그램에는 고작 1억 6700만 달러만 사용했다.[4] 이 조치가 샤론과 CWC 여성들에게 전하는 메시지는 분명했다. 저소득층 가정은 우선순위가 아니며 뒷전으로 밀려나든지 연방 정부의 지원을 받으라는 것이었다. "빌록시 동부에서 북쪽, 동쪽, 남쪽을 보십시오. 대규모 투자사, 카지노, 화려한 간판을 볼 수 있을 겁니다." 라일리 모스는 허리케인 피해 복구를 시작한 지 몇 년 후 도시의 모습을 이같이 설명했다. "그러나 바닥으로 눈을 돌리면 도로는 훼손되어 있고, 상점 문은 닫혀 있고, 장사를 하는 곳은 어디에도 없어요. 모두들 그냥 꼼짝 못하고 있는 거지요. 경제 영역의 최하위층에 있는 사람들은 자기 마을 안에 갇힌 셈입니다."

같은 해, 바버 주지사는 적정한 가격대의 주택과 임대단지 건설을 위한 예산 약 6억 달러를 상업항 확장 프로젝트를 위해 쓰겠다고 발표했다. 항구가 확장되면 자연히 일자리도 늘겠지만, 빌록시의 카지노들과 마찬가지로 항구의 일자리가 저소득층 주민들에게 돌아간 적은 역사적으로 거의 없었다. 샤론은 다시 한번 '단계별 연합' 활동의 일환으로 클립보드를 손에 들고 이동식 주택 문을 일일이 두드렸다. 그리고 몇 주 안에 2000개가 넘는 서명을 받았다. 이 서명은 '미시시피주 사회정의 센터'가 '미국 주택 및 도시 개발국'을 상대로 준비하던 소송에서 매우 중요한 영향을 미쳤다고 라일리 모스는 말한다. "차량이 침수되고 난민이 발생한 지역에서 그처럼 많은 수의 서명을 모았다는 것은 결코 사소한 일이 아닙니다." 그는 말했다. "샤론은 우리가 상황을 호전시킬 수 있는 데 필요한 최소한의 서명을 받아냈습니다." 2008년에 샤론은 옥스팜 아메리카로부터 허리케인 카트리나와 기후변화의 관련성에 관해 대변자가 되어달라는 요청을 받았다. 샤론은 미시시피주 빌록시 동부 출신의 전직 미용사를 대변인으로 고려하다니, 옥스팜 대표들이 전부 제정신이 아닌 모양이라고 생각했고 평소처럼 직설적인 말투로 그들에게 그렇게 말했다. "저는 기후변화에 대해서는 아무것도 몰랐습니다. 제가 사는 지역에 허리케인과 토네이도와 홍수가 들이닥친다는 건 알지만 저는 환경운동가가 아니니까요. 그래서 물었죠. '누구 다른 사람을 찾아보지 그러세요?' 그랬더니 옥스팜은 그럴 생각이 없다고 하

더군요." 2009년 11월, 샤론은 '미국 인권 네트워크' 활동의
일환으로 카트리나 이후 어수선한 복구 과정에 관해 난민 대
표로서 증언하기 위해 제네바로 향했다. 한 달 후에는 옥스팜
의 대표로 유엔 기후정상회의에 참석하기 위해 뉴욕으로 향했
고, 그곳에서 미국 최초의 기후변화 목격자로서 자신의 경험
을 증언했다. 곧이어 CWC 단체의 회원으로서 연례 유엔 기후
정상회의에 참석하기 위해 코펜하겐으로 향했다. 선진국 출신
의 기후변화 목격자인 샤론은 아프리카, 방글라데시, 태평양
제도의 주민들이 가뭄, 태풍, 쓰나미로부터 살아남은 이야기
를 들으며 불안감을 느꼈다. 그러나 샤론은 증언을 들을수록
많은 공통점을 발견했다. "언어를 막론하고 가난한 사람은 죽
어라고 가난하더군요. 내가 사는 빌록시 동부 지역과 마찬가
지로 이들도 빈민가의 소외된 사람들이었습니다. 나는 그들에
게서, 그들은 나에게서 배우는 바가 있었습니다."

코펜하겐에서 샤론은 CWC의 회원인 콘스탄스 오콜레트
와 함께 위원단으로 참석했다. 샤론과 콘스탄스는 서로 지구
반대편에서 왔지만, 연결되어 있다는 느낌을 곧장 받았다. 토
로로 지역에 가뭄이 이어지던 시기에 콘스탄스가 했던 경험
을 들으면서, 샤론은 허리케인 카트리나 이후 자신과 빌록시
동부 주민들이 생수병을 구하기 위해 몇 킬로미터 떨어진 곳
까지 걸어야 했던 어이없는 몇 주간을 떠올렸다. 콘스탄스가,
홍수가 마을을 폐허로 만들고 지나간 뒤 정부가 배급하는 식

량을 받기 위해 길게 줄을 서면서 느꼈던 굴욕감을 말하자, 샤론은 카트리나 이후 미국 정부가 배급한 식량 지원 카드를 받았을 때의 수치심을 고백했다. 우간다의 토로로 마을 주민을 사회적으로 소외시킨 방식은 샤론이 평생 느껴온 방식과 섬뜩할 정도로 익숙하다는 생각이 들었다. "미시시피 해안 지역 사람들은 해수면의 하강과 상승에 수시로 직면하는데, 이런 침수 지역은 대부분 빈민과 흑인이 거주해 온 지역들입니다. 전 세계적으로, 가난한 유색 인종이 거주하는 지역들은 복구와 구호 노력이 제대로 결실을 맺지 못하거나 생존을 더 어렵게 만듭니다."

코펜하겐 정상회의가 끝날 무렵, 샤론은 콘스탄스에게서 '미시시피의 딸'이라는 별명을 얻었다. 샤론은 콘스탄스를 비롯한 여러 기후변화 목격자들과 함께 각자의 지역이 기후변화와 싸우도록 도울 방법에 대해 밤늦도록 의견을 교환했다. "이 여성들 덕분에 기후변화에 대해, 국제적인 문제들에 대해, 공정 거래에 대해 생각하게 되었습니다." 샤론이 말했다. "그들은 저에게 이 모든 개념을 알게 해주었지요. 유사한 문제에 직면하고 문제 해결을 위해 맞서서 노력하는 세계 각지의 여성들과 교류하는 건 고무적인 일이었습니다. 기후변화로 가장 크게 타격을 입는 사람들은 여성이지요."

빌록시 동부로 돌아온 샤론은 마을 정원을 가꾸기 시작했다. 코펜하겐에서 태평양 제도의 기후 목격자들과 비만에 관해 대화를 나눈 뒤 떠오른 아이디어였다. 샤론은 신선한 채소를 기르고 더 많은 지역에 채소를 공급하여 비만과 식량 부족 문제를 동시에 해결하는 한편, 빌록시 주민들을 취미 활동에 참여시킬 수 있기를 희망했다. 샤론은 아메리코AmeriCorps(미국의 지역사회 봉사 단체. 회원은 집짓기, 집수리, 공원 청소 등을 하고 학비를 지원받기도 한다―옮긴이) 자원봉사자들, CWC 회원들과 함께 쓰레기로 뒤덮인 빌록시 동부의 넓은 땅 한 뙈기를 석 달 동안 정리한 뒤, 그 자리에 오크라, 토마토, 피망, 옥수수, 콩을 심었다. 그리고 감옥에서 막 석방된 그 지역 남자들에게 매일 정원에 물을 주고 보살피게 했다. 맨 처음 완두콩이 땅 위로 뾰족 올라왔을 때, 샤론은 너무 기뻐서 마구 소리를 지르며 정원 주위를 뛰어다녔다. "직접 심은 걸 요리하면 지금까지 느껴보지 못한 성취감을 느끼게 되죠." 샤론은 말했다. "코펜하겐에서 만난 개발도상국 여성들은 제게 세계적인 관점에서 사고하도록 촉구했고, 지역 차원에서 행동하도록 격려했습니다."

2011년에 샤론은 기후변화 대변자라는 역할 때문에 자신의 삶이 큰 타격을 입었다고 고백했다. "정신적으로 몹시 지친 느낌이에요. 저는 늘 무척 열심히 싸웁니다. 그래서 우리가 원하는 대로 이루어지고 있냐고요? 그럼요. 하지만 그만큼 저는 늙어가고 스트레스를 받을 수밖에 없어요." 그 무렵 샤론은 빌록시 동부의 새집에서 살고 있었다. 차분한 색이 칠

해진 아담하고 채광 좋은 2층집이었다. 거실 한 모퉁이에는 비바람을 뚫고 구조해 낸 마호가니 탁자가 놓여 있었다. 샤론은 마침내 위엄 있는 원래 모양대로 탁자를 복원해 이제 이 탁자에서 식사를 했다. 벽에는 액자에 끼운 가족사진이 걸려 있었다. 폭풍이 지나가고 처음 몇 주간의 혼란스러운 와중에도 애정 어린 손길로 복원한 사진이었다. 그러나 카트리나와 그 끔찍한 여파에도 살아남은 샤론은 2015년 11월 8일에 몹시 고통스러운 불행을 겪어야 했다. 심각한 뇌졸중으로 말을 할 수 없게 된 것이다. 카트리나의 폐허 속에서 카랑카랑하게 울리던 활기찬 미시시피의 목소리는 이제 고통 속으로 사라졌다. 그러나 의회 복도에, 파리 협약의 세부 항목에, 빌록시 동부의 새로 포장된 도로 위에 샤론의 유산은 여전히 살아 있다.

"[카트리나는] 한 사람을 선택했습니다." 라일리 모스는 말했다. "마을이나 지역을 이끄는 인물 혹은 전국적으로 알려진 지도자가 되리라고는, 하물며 국제 무대에 서서 기후변화와 같은 광범위한 문제에 대해 발언하리라고는 꿈에도 생각한 적 없는 여성을 말입니다. 그러나 샤론은 진정 어린 태도로 시종일관 솔직하게 자신의 경험을 전달함으로써 전 세계 사람들의 눈을 뜨게 했습니다. 우리는 어떤 일이 일어나기 전까지는 삶이 우리에게 무엇을 준비시키는지 알 수 없습니다. 샤론의 경험은 출신 지역과 상관없이, 자신에 대한 믿음만 있

다면 누구나 언제든지 큰 힘을 발휘할 기회를 갖게 되리라는
것을 우리에게 보여줍니다. ˮ

4장

사라진 언어, 사라진 땅

유피크족(알래스카 서남부에 거주하는 에스키모인. 에스키모인은 이외에도 캐나다에 거주하는 이누이트족, 북알래스카에 거주하는 이누피아크족으로 나뉜다―옮긴이)은 2000여 년 동안 알래스카 서쪽 해안의 얼음 덮인 야생 지역에서 사냥과 낚시를 하며 살아왔다. 그들은 꽁꽁 언 바다에 구멍을 파서 연어와 큰 가시고기를 잡았고, 얼음 하나를 표현하는 데 수십 가지 단어를 지닌 고대 언어로 의사소통을 했다. 세대에서 세대로 내려오면서 언어도 바뀌어, 유피크족은 얼음의 두께와 안전도를 설명하기 위한 구체적인 전문 용어를 사용하여 사냥꾼으로서 안전하게 길을 안내하게 되었다. 그러나 기후변화가 진행됨에 따라 검고 단단한 얼음을 말할 때 사용하는 단어인 'tag-neghneq'처럼 유피크족이 흔히 사용하는 단어는 점차 사용 빈도가 줄고 있다. 알래스카의 영구 동토가 녹아, 한때 단단하던 풍경이 이제는 물에 잠겨 죽처럼 묽은 폐허로 변해 가기 때문이다.

　최근의 과학 자료에 따르면 세계의 공기 정화기, 북극의 온난화가 세계 전역의 다른 지역보다 두 배 빠르게 진행되고 있고, 그 결과 겨울의 평균 기온이 지난 50년여 년 사이에 6.3℃ 상승했다. 이처럼 알래스카의 기온이 치솟는 것은 여러 가지 안 좋은 일들이 한곳에 집중해서 일어났기 때문이다. 태양 복사열이 눈과 얼음에 닿으면 대부분의 열은 대기권 밖으로 반사된다. 그러나 지구의 기온이 상승해 얼음이 녹으면 복사열이 맨땅에 그대로 흡수되고 그 결과 얼음이 더 빨리 녹는다. 그리하여 발아래 땅이 녹아 무너지고, 이제 알래스카 사람들 ― 해안 지역에 거주하는 인구의 85퍼센트 ― 은 기후변화의 영향을 체감하는 최초의 미국인이 된다. 현재 알래스카 전역에 있는 서른한 개 토착민 공동체는 저 멀리 남쪽에 거주하는 동료 시민들이 화석연료 배출에 의존하는 바람에 자신들의 터전이 당장 파괴될 위기에 처한 상황을 가만히 응시할 뿐이다. 이 공동체들은 잔뜩 위축된 채 난감한 선택에 직면해 있다. 즉, 수천만 달러를 마련해 수세기에 걸친 오랜 전통을 뿌리째 뽑고 자신들의 터전과 조상의 뼈를 고지대로 옮기든지, 그렇지 않으면 이곳에 머무르면서 한정된 자원을 이용해 방파제를 세우든지. 후자의 경우, 비용부터 엄두가 나지 않는 데다 연방 정부의 지원이 미미해서 많은 이들이 이주할 결심을 하고 있다. 2016년 8월, 베링 해협 북쪽에 있는 이누피아크족 시쉬마레프Shishmaref 공동체의 주민들은 수십 년 동안 바닷속으로 가라앉고 있는 그들의 사주섬barrier island(파도와 조류에 의해 모래와 자갈이 연안에 평행하게 퇴적되어 이루어진 섬으로, 방파제 구실을 하고 해안선과 사주섬 뒤편 습지를 보호해 보호섬이라고도 불린다. 그러나 폭풍이나 다른 자연재해에 의해 형태가 바뀌거나 해수면이 더 높아지면 유실 현상이 발생하기도 한다—옮긴이)을 떠나 마을 전체를 이전하기 위해 투표를 실시했다. 일부 전문가들은 2050년이면 알래스카 해안 지역 대부분의 마을에 사람이 전혀 살 수 없게 될 거라고 경고하는데, 그때가 되면 내 큰손자 로리, 그리고 그 아이와 같은 짐을 질 세대는 수천 명에 이르는 기후 난민의 주택 공급 문제를 고려하지 않을 수 없을 것이다.

알래스카의 삶은 추위, 땅, 사람과 바다의 관계로 정의된다. 알래스카에서 낚시와 사냥은 곧 숨 쉬고 생활하는 것과 다를 바 없는데, 빠른 속도로 얼음이 녹는 현상을 지켜보면서 많은 알래스카 원주민들은 자신들의 문화적 정체성에 의문을 품는다. 퍼트리샤 코크런Patricia Cochran은 이 같은 위기 상황을 누구보다 본능적으로 직감하고 알래스카 및 북극 전역의 마을과 함께 기후변화의 피해를 해결하도록 돕기 위해 30년 동안 힘써 왔다. 퍼트리샤는 '토착민 과학 위원회Native Science Commission' 상임이사이며, 한때 광산업의 중심지였던 알래스카 놈Nome의 해안 마을에서 나고 자란 알래스카 이누피아크족 토착민이기도 하다. 퍼트리샤는 전통적인 이누피아크 가정에서 자라면서 해마다 툰드라 지대 전역을 누비며 낚시를 하기 위해 야영을 했고, 늦여름철이면 암석으로 뒤덮인 해안을 부지런히 뒤지면서 크랜베리, 북극 래즈베리, 허브 등을 찾아다녔다. "우리 지역 사람들이 수십 년 동안 되풀이해 온 말을 과학이 따라잡기까지 아주 오랜 시간이 걸렸습니다." 퍼트리샤는 말한다. "우리 지역 사람들은 이 땅과 아주 끈끈한 관계를 맺으며 살고 있기 때문에, 최소한 마지막 40, 50년 동안 일어난 아주 미묘한 변화들까지 낱낱이 알아차렸어요. 우리는 주변 환경에서 일어나는 변화들을 목격하고 있답니다. 심지어 연구자들과 그 밖의 과학자들이 전문적인 용어를 만들어 사용하기 훨씬 전부터 기후변화의 조짐을 알아차렸어요."

과학자인 퍼트리샤는 자신과 지역 주민들이 관찰해 온 이런 변화가 이누피아크족 공동체가 야기한 결과가 아니라는 걸 아주 잘 알고 있다. 그들은 화석연료를 기반으로 하는 미국 나머지 지역의 산업 정책 앞에서 속수무책이다. 2015년에 퍼트리샤는 티나 브라운Tina Brown이 개최하는 '세계 여성 서밋Women in the World Summit(〈뉴스위크〉, 〈뉴요커〉 등의 전 편집자 티나 브라운이 2010년부터 주최하는 행사로, 전 세계 여성 지도자들이 여성 인권 보호, 정치적 평등, 성소수자 권리 등 다양한 이슈에 관해 토론한다. 메릴 스트립, 힐러리 클린턴 등이 참여했다—옮긴이)' 행사에 참석하기 위해 뉴욕으로 향했다. 흰 털로 단을 두르고 밝은 색의 정교한 꽃무늬를 넣어 짠 이누이트 토착민 전통 드레스 차림을 한 퍼트리샤는 주변의 사랑을 한몸에 받으며 환한 무대 조명 아래에 앉았다. 기후변화가 알래스카에 미치는 영향에 대해 말해 달라는 요청을 받았을 때, 퍼트리샤는 정중하게 이의를 제기하며 먼저 몇 가지 의식을 치러도 되겠느냐고 물었다. 촘촘하게 계획이 짜인 행사에서 이런 식의 돌발 제안은 이례적이었다. "우리 공동체에서는 이런 의식을 지키는 것이 매우 중요합니다." 퍼트리샤는 침착하고 부드러운 목소리로 말했다. "우리가 어디에서 왔는지, 무엇 때문에 지금의 모습으로 살고 있는지 기억하기 위해서지요." 수세기 동안 이어온 이누피아크 전통에 대해 언급하면서, 퍼트리샤는 이제 청중들 가운데 연장자와 그곳에 모인 모두의 선조들, 그리고 우리가 서 있는 이곳 맨해튼이 고향인 원주민들에게 경의를 표했다. 이 뜻밖의 명상은 모두를 겸손하게 만들며 회의장 분위기를 변화시켰고, 잠시 후 마음에서 우러나온 박수 소리가 조용히 울려 퍼졌다. 퍼트리샤는 이누피아크 조상들에게 의례를 마친 뒤 마침내 연설을 시작했다. "북극에 사는 우리들은 아주 오래전부터 이 문제에 부딪혔습니다. 기후 변화는 우리에게 단순한 토론거리 이상의 의미가 있습니다. 우리에게 이 일은 현실이에요. 우리가 수십 년 동안 매일같이 감수하고 부딪히는 문제입니다."

어린 시절을 놈에서 보낸 퍼트리샤는 거의 1년 내내 지면에 두텁게 쌓이던 눈을, 늦여름까지 몇 개월 동안 꽝꽝 얼어붙어 아예 거대한 얼음 덩어리가 되어 수평선을 향해 죽 펼쳐지던 바다를 기억한다. 겨울은 길고 혹독했으며, 여름은 무척

짧았다. 하지만 시간이 흐를수록 해마다 겨울은 점점 늦어지고 봄은 조급하게 성큼 다가오기 시작했다. 요즘엔 어린 시절을 보낸 고향을 방문하면 거대하게 펼쳐지던 얼음 덩어리는 볼 수 없고 반짝이는 망망대해가 그 자리를 대신한다. "우리는 놈에 방파제를 세워야 했습니다. 그 옛날 마을 앞에 펼쳐져 있던 해빙을 이젠 볼 수 없으니까요." 퍼트리샤는 말했다. "그 얼음이 우리를 안전하게 지켜주었어요. 요즘엔 비가 어찌나 많이 내리는지, 선반에 생선을 늘어놓아도 도무지 마르질 않습니다. 여름 내내 날이 무척 따뜻해서 딸기류는 한 계절에 두 번이나 열매가 익어요. 가장 큰 걱정은 이러다 얼음 상태가 달라져서 마을 전역의 해안선이 크게 침식되어, 마을이 침수되고 영구 동토대가 붕괴되는 것입니다."

수천 년 동안 알래스카 땅 밑에 자리 잡아 영원히 얼어 있는 흙인 영구 동토대는 집, 학교, 도로의 토대를 이루는 동시에 해수면 상승을 억제한다. 그러나 북극 전역의 기온이 상승하면서 이 선사 시대의 기반이 녹기 시작했고, 그 결과 토양이 젖어 공기 중에 이산화탄소가 상당량 배출되고 있다. 이런 순환이 계속되어 데워진 지면이 휘고 굽어지면 알래스카 원주민이 거주하는 집들은 바닷속으로 가라앉아 허물어질 것이다. 영구 동토대가 감소하면 평소 폭풍으로부터 마을을 보호하던 연안의 얼음이 줄어들고, 따라서 해수면이 상승해 육지가 침식된다. 기후변화의 결과로 갈수록 사나워지던 폭풍이 지난여름엔 해안을 강타했고, 마침내 바닷속으로 무너질 때까지 표토를 침식했다. 일부 지역에서는 마을들이 해마다 100피트(30.48미터)까지 육지를 잃었다.

기후 패턴이 바뀌고 얼음이 녹아 사라지는 현상은 토양만 파괴하는 것이 아니다. 알래스카 전역의 얼음 상태가 급격하게 빨리 변해, 제아무리 알래스카 최고의 사냥꾼이며 노련한 선원이라 할지라도 이제 더는 기상이나 바람, 사냥 조건을 제대로 예측하기 힘들다. "위험을 무릅쓰고 얼음이 얇은 지역을 향해 설상차를 타고 나가려는 사람이 점점 줄고 있습니다." 퍼트리샤는 경고한다. "사실 우리 중에 낚시하러 갔다가 다시는 집에 돌아오지 못하는 삼촌이나 친구 하나 없는 사람은 아무도 없을 거예요." 이처럼 사망자 수가 늘자 일부 사냥꾼들은 설상차를 버리고 야생 지역에서 방향을 더 잘 찾기 위해 좀 더 전통적인 생활 방식으로 돌아갔다. "많은 사람이 다시 개를 이용하기 시작했어요." 퍼트리샤가 말했다. "개는 무척 똑똑해서 위험을 무릅쓰고 살얼음 위를 달리지는 않을 테니까요. 설상차는 그러지 않거든요. 제 어린 조카들은 오랜 세월 우리의 생명을 지켜주었던 이런 전통적인 방식을 이용하고 있답니다."

퍼트리샤는 전문적인 과학 지식과 고유의 전통 지식을 결합하여, 이주를 준비하거나 남기로 결정한 알래스카 전역의 공동체들을 돕기 위해 힘쓰고 있다. 남기로 결정한 공동체는

"지역의 수호자"라고 불리는데, 퍼트리샤는 이미 많은 사례를 통해 이들 공동체의 운명을 잘 알고 있기에 이 완고한 공동체들이 점점 침식해 들어오는 바다에 맞서 그 흐름을 저지하도록 돕고 있다. 그들이 해안을 따라 암석으로 옹벽을 만들고 모래주머니를 쌓고 자갈 고르는 작업을 할 때, 퍼트리샤는 육군 공병단 같은 단체들의 협조를 구하는 한편 그들이 쥐꼬리만 한 연방 기금이나마 받을 수 있도록 복잡한 신청서를 작성하는 걸 돕는다. "하지만 어느 땐 폭풍이 불어닥치자마자 옹벽이 무너진 적도 있었습니다." 퍼트리샤는 말했다. 정부의 관료적 절차를 처리하다 보면 주눅이 들기 마련이다. 마을 사람들은 보호 기금을 받기 위해 제일 먼저 자신이 얼마나 많은 땅을 잃었는지 증명해야 하는데, 이것은 정말이지 많은 희생이 따르고 시간 소모도 큰 조치다. "모두가 실태와 수치를 원합니다. 우리 공동체가 사라지고 있다고 말하는 것으로는 충분치 않은 거죠."

알래스카 본토에서 5마일(8킬로미터) 떨어진 섬에 위치한 작은 도시 시쉬마레프는 몇 년 동안 지속적으로 냉혹한 바다에 해변과 건물을 내주었다. 2016년 8월에 시쉬마레프 주민들이 거주지 이전 문제로 투표를 실시했을 때, 집과 사회 기반 시설을 새 부지로 옮기고 도로와 공공 서비스, 학교, 바지선 선착장을 건설하는 데 약 2억 달러가 필요한 것으로 추정되었다. 정부에서 제공한 기금은 기껏해야 800만 달러에 불과했기에, 600만 주민으로 구성된 공동체에게는 대단히 막대한 금액이었다. "고작 수십 명으로 구성된 공동체가 이주하는 데에도 수백만 달러의 비용이 듭니다." 퍼트리샤는 말했다. "슬픈 소식은 그들을 돕기 위해 기꺼이 수표를 쓸 사람이 정말이지 아무도 없다는 거예요." 미국 국립과학아카데미 National Academy of Sciences의 최근 연구—오바마 행정부의 마지막 몇 주 사이에 발표된 것—에 따르면,[1] 기후변화로 피해를 입은 알래스카의 도로, 건물, 공공 서비스를 복구하려면 21세기 말까지 수십억 달러의 비용이 필요할 것으로 추정된다.

가슴 아픈 결정을 내린 마을 사람들은 이 과정이 상당히 벅찰 뿐 아니라 대단히 충격적이라는 사실을 확인하게 된다. 알래스카 남서쪽 해안에 위치한 뉴톡은 인구 약 350명으로 이루어진 마을로, 수년 동안 닝글릭강을 향해 매년 최대 70피트(약 21미터)까지 서서히 움직이고 있다. 1996년에 마을 사람들은 현재 거주하는 해안 지역을 떠나 남쪽으로 9마일(약 14킬로미터) 떨어진 어느 섬의 보다 안전한 부지로 이전하기로 선구적 결정을 내렸다. 여기에 드는 비용은 1억 3000만 달러로 추정되었다. 새로 정착할 섬에는 이미 집이 여러 채 지어져 있지만—바다가 내려다보이는 고지대에 기둥으로 받쳐 올려 지은 집들—이주는 고된 일이고 완벽하게 마치기까지 몇 년이 걸릴지 알 수 없다. 뉴톡의 거주자들과 연장자들은 새집과 사회 기반 시설을 계획하는 한편, 여전히 이곳에서 생활하면서 일상의 리듬을 유지하고, 아이들을 계속 학교에 보내고, 말코손바닥사슴, 바다표범, 물고기 들을 사냥하는 오래된 생활 방식을 지속해야 한다. 그러나 정부 기관들은 새로운 마을이 건설되고 있는 상황에서 곧 폐기될 마을에 비용을 지출할 생각이 없기 때문에, 주민들은 몇 년 뒤의 이전을 기다리는 동안 다 쓰러져 가는 집에서 생활해야 한다. 마을에는 이미 하수 처리 시설과 쓰레기 매립지가 폐쇄되었고, 내년에는 식수원도 폐쇄될 예정이다. 도로도 없고, 기둥으로 받쳐 올린 집들을 연결하는 보드워크는 썩어서 허물어지고 있다. 일부 주민들은 마을을 이전하고 나면 수세기 동안 이어져 온 자신들의 문화와 정체성이 사라지지 않을까 두려워한다. "수천 년 동안 그 자리를 지켜온 공동체들에게 이 모든 것을 두고 떠난다는 건 어려운 결정입니다." 퍼트리샤는 말했다. "이런 모든 문제에는 육체적 피로뿐 아니라 정신적 피로, 트라우마까지 함께 딸려오지요."

워싱턴의 트럼프 행정부가 오바마 대통령의 기후 행동 정책을 서서히 폐지하기 위해 움직이는 반면, 퍼트리샤는 알래스카 원주민들이 공동체 기반의 계획, 조사, 실행을 하도록 돕기 위해 자신과 자신이 몸담은 조직이 할 수 있는 일들에 한층 더 노력을 기울이고 있다. 퍼트리샤는 기후변화를 인권 문제의 관점에서 바라보고, 탄소배출권 emission (지구온난화의 주범인 이산화탄소 CO_2, 아산화질소 N_2O, 메탄 CH_4, 수소불화탄소HFCs, 과불화탄소PFCs, 육불화황SF₆ 등 여섯 가지 온실가스를 일정 기간 동안 배출할 수 있는 권리. 할당받은 배출량보다 적거나 많은 양을 배출할 경우 탄소배출권을 다른 국가에 판매하거나 구입할 수 있다―옮긴이) 및 완화mitigation(온실가스 배출량을 줄이기 위한 일련의 방법들. 숲 가꾸기, 차량 제한, 개발 제한, 재생에너지 개발, 환경 피해 감소를 위한 감시 등이 여기에 해당한다―옮긴이)를 넘어서서 정의와 인류애 같은 표현을 포함하며 대화의 범위를 확장한다. 또한 해안 지역 공동체들이 나중에 닥칠 폭풍에 더욱 효과적으로 대비하기 위해, 보다 정확하고 엄밀한 날씨 예보를 제공할 수 있도록 정부 기관과의 협력에 노력을 집중한다. 그뿐만 아니라 각 공동체가 현지 감시단 네트워크를 만들어 얼음 상태 및 날씨에 관해 직접 얻은 정보를 서로 공유할 수 있도록 돕는다.

자칭 '항상 배우는 노인'으로서 퍼트리샤는 젊은이들에게, 그들도 그들의 토착민 공동체에서 삶을 지속하기 위한 방도를 배울 수 있도록 그녀의 기후정의 여정에 동참하라고 촉구한다. "우리가 물려준 처참한 환경에서 살아야 할 젊은이들에게 이런 정보와 지식을 전달하는 것이 저로서는 가장 중요한 책임이자 도의적 행동이라고 생각합니다." 퍼트리샤는 말한다. 한편 광대한 알래스카 해안 지대 곳곳에 흩어져 있는, 교실 한두 개가 전부인 학교들에 기후와 관련된 교과 과정을 새롭게 도입하여, 어린아이들에게 그들의 모국어로 날씨에 관해 이야기하는 방법을, 눈과 얼음을 묘사하는 무수한 방법을 가르치고 있다. 이것은 'tagneghneq' 같은 사라질 위기에 처한 언어를 지키는 방법이며, 이 어린이들이 더욱 안전하게 미래를 헤쳐나가도록 돕는 방법이다. "아무도 우리를 돕지 않는데, 우리가 스스로를 도와야지 어쩌겠어요?"

퍼트리샤는 외딴 지역의 토착민 공동체들과 만나기 위해 알래스카 영공을 횡단할 때를 제외하면, 남쪽 48개 주—알래스카인들은 알래스카를 제외한 나머지 미국 본토를 이렇게 일컫는다—로 날아가 자신의 공동체에서 일어나는 기후변화 문제에 관해 강연을 한다. 이 일은 상당히 쉽지 않다. "저는 이곳 북극에서 우리가 목격한 문제들을 다른 사람들에게 이해시키는 데 많은 시간을 보냅니다." 퍼트리샤는 말한다. "제 강연을 듣는 미국의 청중은 대부분 아직도 이 문제를 생소하게 여깁니다. 기후변화를 믿지 않는 사람이 있다는 사실에 저는 매번 놀라움을 금치 못하지요. 하지만 저는 이 청중이 다른 판단 기준을 가질 수 있도록 설득하기 위해 애쓰고, 이들은 우리와 다르다는 걸 이해하려 노력합니다. 이들에게 조만간 어떤 일이 닥칠지 알려주려 애쓰고 있지요."

기후변화의 영향과 싸우는 알래스카의 노력은 미국 전 국민에게 좀 더 폭넓은 가르침을 준다. 2016년을 사상 최고의 뜨거운 해로 만들었던 타는 듯한 더위는 2017년에도 전혀 수그러들 기미를 보이지 않았으며, 그 결과 전 세계적으로 전례 없이 기온이 상승하고 극지대가 녹고 해수면이 빠르게 상승했다. 미국이 물에 잠긴 알래스카 해안 지역의 작은 공동체들을 도울 만큼 충분히 자원을 효율적으로 확보하지 못할 경우, 기후변화로 인해 대단히 참담한 영향들이 나타나면 과연 어떤 상황이 벌어질까? 기후변화 전문가들은 2100년 무렵이면 플로리다 주택의 12.5퍼센트가 침수될 정도로 해수면이 크게 상승할 것으로 예측한다. 2017년에 발표된 한 논문에서 미국 연구자들은 2011년과 2015년 사이에 미국 남동부 해안 지대의 해수면이 전 세계의 장기간에 걸친 상승률보다 여섯 배나 빠르게 상승하고 있다고 간략하게 설명했다.[2] 2017년에는 허리케인 하비가 휴스턴을 휩쓸었지만, 기후변화로 더욱 사나워진 폭풍과 해수면 상승으로 보스턴, 뉴욕, 애틀랜틱시티, 탬파, 마이애미 같은 미국의 다른 도시들 역시 취약하기는 마찬가지다. 재난 구조를 처리하는 정부 기관인 FEMA(미 연방재난관리청)는 기후변화에 대처하라고 지역사회에 촉구하지만, 정작 연방 정부는 이전에 관련해 아무런 계획도 세우고 있지 않으며, 뉴톡이나 시쉬마레프 같은 공동체를 재해 지역으로부터 이전시키기 위한 지원금도 정치적 의지도 갖고 있지 않다. "아시다시피 현재 우리가 이곳 북극에서 목격하는 상황은 장차 미국 전역에 닥칠 현상의 전조입니다." 퍼트리샤는 말한다. "저는 플로리다, 뉴욕, 캘리포니아 등 해안 지역에 사는 사람들에게 이 문제에 관심을 가져야 한다는 걸 깨닫게 하고 싶습니다. 기후 전망에 따르면 이들 지역은 현재 우리가 알래스카에서 대처하고 있는 문제와 똑같은 문제에 직면할 테니까요. 미래를 정확하게 예측하기 위해 최대한 많은 정보를 확보하고 싶은 건 아주 당연하다고 생각합니다."

알래스카 원주민들은 이따금 기후변화를 상대로 질 게 빤한 싸움을 하고 있는 것은 아닌지 회의하며 낙담하곤 한다. 퍼트리샤는 그들이 이러한 생각과 싸우도록 돕기 위해 노력하는 한편, 자신은 마을의 연장자인 사랑하는 어머니에게서 영감을 얻는다. 몇 년 전 향년 96세에 세상을 떠난 퍼트리샤의 어머니는 어린 시절 유행성 독감으로 아버지를 제외한 가족 전체가 사망하는 상황을 지켜보았고, 크나큰 절망과 정신적 충격에 휩싸인 채 여덟 살에 마을을 떠나 기숙학교에 보내진 뒤 그곳에서 열여덟 살까지 지냈다. "어머니는 언어를 잃었어요. 문화도 잃었지요. 그럼에도 자식들에게 생존을 위해 필요한 것들을 갖추어주려고 평생을 싸웠습니다." 퍼트리샤는 이렇게 회상한다.

퍼트리샤는 어머니를, 어린 시절에 깊이 상처받았음에도 불구하고 여덟 자식 모두에게 어떠한 역경이 닥쳐도 다시 일어날 수 있는 회복력과 투지를 가르친 영원한 낙천주의자, 꿋꿋한 영혼으로 기억한다. 또한 미국과 해외를 횡단하며 여행할 때마다 기후변화의 영향들과 싸우기 위해 자신과 함께 애써온 어머니에 대한 이야기로 강연을 마친다. "어머니는 비범한 분이었고 적응력이 뛰어난 여성이었습니다. 지금 우리 공동체에서 일어나는 모든 역경에 맞닥뜨렸더라도 어머니는 앞장서서 싸우셨을 겁니다."

퍼트리샤는 당당한 어머니의 모습을 마음속에 간직하며 힘들 때마다 정신을 가다듬는다. 그런 어머니의 모습이 퍼트리샤의 메시지를 희망으로 가득 채워준다. "우리 어머니와 같은 경험을 해보면 정말이지 세상 어떤 일도 해결할 수 있다는 걸 이해하게 되지요." 퍼트리샤는 말한다. "우리는 늘 회복력과 적응력, 창조력이 뛰어난 굉장한 사람들이었고, 그런 능력 덕분에 과거의 가장 어두운 시간들을 견딜 수 있었습니다. 그러한 회복력과 정신은 아직 오지 않은 시대에도 우리에게 큰 도움이 될 것입니다."

5장

드디어 협상 테이블에

앵두 우마루 이브라힘 Hindou Oumarou Ibrahim은 1980년대 후반에 차드 공화국 République du Tchad(아프리카 중북부 내륙에 위치한 국가—옮긴이)의 사헬 지대에서 자랐다. 앵두의 할머니는 집에서 기르는 붉은색 긴뿔소의 젖을 짰는데, 앵두는 곁에서 그 일 돕기를 무척 좋아했다. 위풍당당한 짐승의 배가 젖으로 불룩해지면 앵두는 그 아래에 빈 양철통을 들고 서 있고, 할머니는 거기서 따뜻한 액체를 능숙하게 쭉쭉 뽑아냈다. 앵두의 할머니는 젖을 시장에 내다 팔았지만, 앵두와 앵두의 네 형제를 위해 걸쭉한 크림을 듬뿍 남겨주었다. 언제나 모두에게 충분한 양의 크림이 골고루 돌아갔다. "어렸을 땐 소 한 마리에 하루 2리터씩 젖을 짰어요." 앵두는 회상한다. "우기에는 아침저녁으로 하루 두 번 젖을 짰고요. 하지만 요즘엔 겨우 이틀에 한 번 젖을 짜고 운이 좋으면 한 컵 정도 받아요. 이틀에 한 컵이면 아이들에게 먹이기도, 팔아서 곡물을 사기에도 충분하지 않은 양이랍니다."

기후변화의 영향은 차드 공화국에서 매우 종교적인 목축민 공동체들 가운데 하나인 페울레-음보로로 Peule-M'bororo의 오랜 전통을 급격하게 바꾸어놓고 있다. 음보로로는 약 25만 명의 인구로 구성된 유목민 집단으로, 이곳의 목부牧夫들은 최고의 목초지나 식수를 찾아서 종종 국경을 넘어 카메룬, 니제르, 나이지리아, 중앙아프리카공화국으로 들어가는 등, 가축에게 풀을 먹이기 위해 사헬 지대 전역의 아주 먼 거리까지 이동한다. 음보로로 사람들 가운데 일부는 사헬 전 지대를 돌아다니는 완벽한 유목민이고, 또 다른 일부, 특히 소를 몰고 다니는 사람들은 차드와 카메룬 안에서만 돌아다닌다. 음보로로족 사람들은 유서 깊은 유목민으로서 계절별 기후 패턴에 대처하기 위해 수세기 동안 정교하게 갈고닦은 전통 지식에 의존해 왔다. 그들은 동쪽에서 서쪽으로 향하는 바람의 방향이나 별자리를 관찰해 언제쯤 비가 내릴지 예측할 수 있었고, 이런 요소들에 잘 적응하여 특정한 새들이 나무 위로 높이 둥지를 틀면 다음 장마철엔 홍수가 닥친다든지, 특정한 곤충의 수가 급증하면 하늘이 아무리 화창해도 틀림없이 비가 올 조짐이라는 걸 알았다. 이 같은 전통 지식은 공동체의 생활에서 불안을 덜어주는 일종의 법칙이 되었으며, 먼 옛날부터 내려온 그들의 삶의 방식을 지켜주었다.

그러나 요즘엔 점점 불규칙한 기후 패턴과 사막화, 가뭄에 의해 음보로로족의 기후 예측은 갈수록 신뢰도가 낮아지고 있다. 한때 아프리카 최대 수역水域 중 하나였던 차드 호수는 비효율적인 댐 건설, 관개 사업, 기후변화가 결합되어 지난 50년 동안 약 1만 제곱마일(약 2만 5900제곱킬로미터)에서 965 제곱마일(약 2500제곱킬로미터)로 규모가 줄었다. 물고기가 가득하고 수백만 에이커 농경지의 젖줄이 되며 가축이 풀을 뜯는 목초지를 제공해 주던 그 옛날 차드 호수의 활기찬 생태계를 이제는 거의 볼 수 없게 되었다. 소들은 소량의 젖만 간신히 나오고 갈증으로 죽어가고 있다. 자손 대대로 유목민의 소들을 배불리 먹이던, 풀이 무성하고 드넓던 목초지들은 이제 바스러질 정도로 바싹 말라 있다. 소들에게 풍부한 영양을 제공하던 목초지가 사라진 대신 그 자리에서 동물들을 병들게 하는 새로운 품종들이 자라고 있다.

앵두가 어릴 때 자주 놀던 차드 호수 가장자리의 샘들도 사라져, 음보로로족 유목민은 전통적인 경로를 버리고 새로운 지역으로 옮겨야 했다. "옛날엔 여러 곳을 이동할 때 최소한 일주일에서 최대한 한 달까지 한곳에 머물렀어요." 앵두는 말했다. "하지만 요즘 우리 음보로로족 사람들은 고작 사흘밖에 머물지 못한답니다. 물도 없고 풀도 없기 때문이지요. 제가 어릴 때 수영하며 놀던 샘들은 바싹 말라 사라져버렸고요. 마을 사람들은 먹을 것을 찾아 여러 방향으로 끊임없이 이동해야 하지요. 그들은 죽음의 길을 지나가고 있는 거예요." 음보로로족은 다른 공동체의 유목민들 및 자급농들과 함께 방목지를 사이에 두고 경쟁해야 해서 얼마 안 되는 비옥한 목초지를 차지하기 위해 자주—그리고 이따금 치명적인—충돌이 벌어진다. 그런가 하면 유목을 마치고 그들이 경작하던 땅으로 돌아올 때면 종종 다른 공동체가 그곳을 차지하고 있곤 한다.

콘스탄스 오콜레트가 사는 우간다 마을에서처럼, 기후변화가 일으키는 새로운 제약들은 음보로로족 여성들에게 가장 큰 피해를 주어, 여성들은 물과 식량을 구하기 위해 사막 안쪽으로 더 멀리 이동해야 한다. 차드 호수 주변에 거주하는 700만 명이 넘는 주민들은 이제 심각한 기아에 시달리고 있다. 그중에 급성 영양 장애로 고통받는 아동이 50만 명이다. 우유 공급량도 줄어들어 여성들은 옥수수, 인디언 옥수수, 쌀 같은 생소한 재료로 가족의 식사를 보충해야 한다. "먹는 음식의 종류가 완전히 바뀌었고, 질병에도 많이 걸리고 있습니다." 앵두가 말했다. "물을 구하기도 힘들어서 음보로로족 사람들은 이제 소가 마시는 물과 같은 물을 마셔야 해요. 당연히 깨끗할 리가 없죠." 앵두의 마을에 사는 음보로로족 목부들은 가축이 질병이나 갈증으로 몰살되거나 아니면 가족을 살리기 위해 가축을 팔아야 해서, 대부분 전통적인 생활 방식을 포기하고 반유목민이 되거나 한 자리에 정착하게 되었다.

어차피 사헬 지대의 기후도 종잡을 수 없게 된 마당이라 목부들은 그들만의 전통적인 지식과 계절별 예측이 더는 유효하지 않은 다른 지역으로 나가게 되었고, 그러자 마을 어른들 사이에서는 혼란과 좌절이 깊어졌다. 수세대째 맺어온 땅과의 관계가 위협받고 지역 내에서 자신들의 신임이 약해지는 것에 두려워진 연장자들은 더 큰 권위에 호소하려 한다. "마을 어른들은 아마도 우리가 악한 사람들일 거라고, 그러니 더 많이 기도하고 희생해야 한다고 믿고 있어요." 앵두가 말했다. "어른들은 날씨가 변하게 된 근본적인 원인을 모르세요. 그러니 진정한 해결 방법이 뭔지도 모르시죠. 그저 신만 믿는 거예요. 신이 다 해결해 줄 거라면서."

◆ ◆ ◆

앵두가 어린 시절에 가족의 유목 생활 리듬에 맞추어 콧노래를 흥얼거렸던 것처럼, 3500마일(5600킬로미터) 떨어진 북유럽 황무지 한가운데에 사는 야니 스테판슨 Jannie Staffansson 역시 가족이 기르던 엄청난 무리의 순록을 돌보느라 어린 시절을 몹시 분주하게 보냈다. 야니는 사미족 Saami People 이다. 사미족은 유럽연합에서 몇 안 되는 원주민 집단 가운데 하나로, 노르웨이, 스웨덴, 핀란드, 러시아의 콜라반도 최북단 지역에 걸친 15만 제곱마일(38만 8500제곱킬로미터)의 면적에서 수세기 동안 살아왔다. 이 외딴 툰드라 지대 전역에 대략 10만 명의 사미족이 흩어져 살고 있으며, 스웨덴에서만 2만 명이 살고 있는 것으로 추정된다. 수세대 동안 순록을 몰아온 아주 오래된 유목민인 스웨덴의 사미족은 자신의 조국에서 종종 제도적 차별과 식민지화의 희생양이 되었다. 1930년대에는 많은 사미족 어린이들이 국가가 운영하는 기숙학교에 입학해야 했으며, 자기 부족의 언어를 말하는 것이 금지되었다. 요즘엔 석유, 가스, 풍력 발전이 사미족 마을을 침입해 부족의 가축 떼와 생활 방식을 위협한다. 사미족 중 아주 많은 이들이 툰드라 지대를 떠나 멀리 남쪽의 스웨덴 도시로 이동해 살고 있지만, 여전히 상당수는 원주민 출신에 대한 편견을 경험하고 있다.

순록이 사람보다 세 배 더 많은 스웨덴의 사미족 거주 지역인 사프미 Sápmi에서 자란 야니와 그녀의 형제들은 학교를 마치고 자유 시간이 주어지면 아버지를 도와 순록 떼를 돌보면서 시간을 보냈다. 사미족의 달력은 순록의 생애 주기를 바탕으로 여덟 계절로 이루어지는데—그뿐만 아니라 봄-겨울, 봄-여름, 여름-가을, 가을-겨울 등 전통적인 계절도 같이 지킨다—야니는 이 사미족 달력에 맞추어 선명하게 무늬를 넣은 모직 천의 전통 복장을 입고 두꺼운 순록 가죽 부츠를 신고서 영하의 날씨에 야외에서 긴 하루에 대처하는 법을 배웠다. 여름은 중요한 계절인데, 이 시기에 야니의 아버지는 밧줄을 던져 순록 새끼를 잡는 방법, 예리한 칼로 능숙하게 동물의 귀에 브이(V) 자를 새기는 방법 등을 자식들에게 가르쳤다. 겨울이 되면 야니의 아버지는 순록 떼를 몰고 겨울 목초지까지 꽤 멀리 이동하느라 몇 주씩 집을 비웠다. 그곳에서 순록들은 늑대, 곰, 스라소니 같은 포식자가 다가오는지 살피면서 침엽수림의 높은 가지 위에 앉은 이끼를 찾아다녔다. "순록이 우선이라고 믿으면서 자랐어요." 야니가 말했다. "크리스마스에도 생일에도 학교 행사 때도 아버지는 우리와 함께하지 않았어요. 순록을 모는 일은 정규직 근무보다 시간이 더 많이 필요했거든요. 그래도 우리는 화목하게 잘 지냈어요. 순록을 돌보는 일이 가장 중요했으니까요."

사미족은 지난 30년 동안 자연 환경과 기후에 생기는 큰 변화에 주목해 왔다. 북극에 근접한 이 지역의 온난화는 지구 평균보다 두 배 빠르게 진행되고 있다. 야니는 어릴 때 부모님과 마을 어른들이 변해 가는 날씨에 대해 이야기하는 걸 들은 기억이 난다. 갈수록 가을이 길어지고 비가 많이 온다고, 겨울은 점점 빨라지고 봄이 느닷없이 일찍 찾아온다고 말이다. 사미족은 자연과 밀접하게 관련된 어휘가 풍부해서 '눈'을 표현하는 방법만 해도 300개가 넘는다. 하지만 야니의 아버지는 날씨가 변해서 순록을 모는 일이 이만저만 골치 아픈 게 아니라고 불평했다. 기온의 변화가 워낙 심해서, 눈이 녹나 싶으면 어느새 다시 꽁꽁 얼어붙어 순록의 먹이인 영양 풍부한 이끼가 두꺼운 얼음 속에 갇히기 일쑤였기 때문이다. "두꺼운 얼음층 때문에 순록들이 그 아래에 갇힌 이끼 냄새를 맡을 수가 없었어요." 야니는 말했다. "순록들은 얼음 밑에 먹이가 있는지 어떤지 알 수가 없었기 때문에 계속 걸으면서 냄새로 먹이를 찾느라 기운을 너무 많이 썼답니다." 한편 겨울의 기온이 점점 상승하자 호수와 강이 예년보다 훨씬 늦게야 얼기 시작했고, 이 현상은 겨울 목초지로 향하는 순록의 이동 경로에도 영향을 미쳤다. 야니의 아버지는 한참을 둘러가야 했는데, 그 때문에 순록들은 스트레스가 무척 심했다. "순록을 모는 목부들은 날씨가 계속 안전한지 어떤지 예측할 수 있어야 해요." 야니가 말했다. "얼음 속에 빠지는 순록과 사람이 점점 늘고 있거든요."

아버지가 변화된 환경에 적응하는 모습을 지켜보면서 야니는 마음이 몹시 아팠다. 야니는 열 살 무렵 아버지에게 계절의 변화에 대한 고민을, 그리고 순록이 입는 피해들을 스웨덴 정부 당국과 함께 나누는 것이 어떻겠느냐고 권한 기억이 난다. "그쪽에서는 결코 우리가 하는 말을 듣거나 믿으려 하지 않을 거다." 고등학교까지 교육을 받은 야니의 아버지가 나직하게 말했다. "사회에서 사는 사람들이 우리가 하는 말을 믿게 하려면 고등 교육을 받아야 하는데 우리는 그렇지 않잖니." 아버지의 말에 크게 충격을 받은 야니는 정부 관계자들이 자신에게 주의를 기울이고 자신의 말을 경청하도록 하기 위해 그 즉시 고등 교육을 받기로 결심했다. "우리 사미족 사람들은 생존에 필요한 지식이라면 모두 알고 있지만, 서양 제도에서 제대로 교육받지 않았다는 이유로 아무도 우리의 말을 듣지 않았던 것 같습니다. 우리가 아무리 중요한 정보를 알고 있다 해도 우리에게는 발언권이 없었어요."

결심한 대로, 야니는 예테보리 대학교에서 환경화학 학사로 졸업했다. 최근에는 유기화학 석사 과정을 밟고 있다. 야니는 자신이 받은 교육과 아버지에게서 물려받은 전통 지식을 결합하여, 사미족 사람들 편에서 그들을 지지했고 그들에게 환경 문제의 해결책을 찾을 수 있으리라는 자신감을 심어주었다. "학위를 받고 나니 전에는 차마 엄두를 내지 못했던 곳, 가까이 가지 못했던 곳에 들어갈 수 있게 되었어요. 갑자기 사람들이 저를 진지하게 받아들이는 거예요." 하지만 여전히 문제는 있다. 과거 야니의 할머니가 부딪혔던 사미족에 대한 해묵은 인종적 편견의 흔적이 아직 남아 있기 때문이다. 야니의 할머니는 어릴 때 부족의 고유 언어를 사용하지 못하도록 제지당했다. "제가 화학을 전공했다는 사실을 확인하고는, 제게 사미족 출신이 맞느냐고 묻는 사람들도 있어요." 야니가 말했다. "어떤 사람은 이렇게 묻더군요. '정말 스웨덴 유전자는 눈곱만큼도 없는 거야? 솔직히 사미족은 그렇게 똑똑하지 않잖아'라고 말이죠."

야니는 이제 노르웨이, 스웨덴, 핀란드, 러시아 전역에 분포된 사미족 사람들의 권리 신장을 위한 상부 기관인 사미족 의회에서 과학 및 환경 문제 개선을 위해 힘쓰고 있다. 2015년에는 북극이사회 Arctic Council(북극의 개발과 보호를 위해 1996년에 설립된 정부 간 기구―옮긴이) 실무진으로 선출되어, 2015년 12월 파리에서 열린 유엔 기후정상회의인 COP21(제21차 유엔 기후변화협약 당사국 총회)에서 실무진을 대표해 핵심적인 역할을 맡았다. 이처럼 여러 조직의 회원으로서 야니는 곳곳에 흩어진 원주민의 권리를 위해, 그리고 그들이 직면한 생명을 위협하는 문제들을 위해 강력한 목소리가 되고 있다. 그뿐만 아니라 전 세계를 다니며 사미족 의회를 대표해 연설하면서, 아버지와 아버지의 순록들이 예측할 수 없는 날씨에 맞서 견뎌야 하는 매일의 싸움에 대해, 그리고 아버지의 전통 지식을 바탕으로 한 해결 방법에 대해 설명한다. 또한 지속가능한 에너지 프로젝트에 의해 발생하는 문제들—순록 떼의 안전과 이동을 위협하는 거대한 풍력 공원—과 사미족의 토지권 보존을 위한 청원에 아무도 귀를 기울이지 않을 때 그들이 느낄 좌절감을 똑똑히 경고한다.

2017년 4월 브뤼셀에서, 야니와 나는 '여성의 권리 및 성평등 위원회'에서 조직한 유럽 의회에 패널로 참석했다. 야니는 성평등과 기후정의에 관한 토론의 장을 연 유럽 의회에 찬사를 보냈다. 그런 다음 잠시 숨을 돌리고 홀 주변을 둘러본 뒤 도전적인 목소리로 이렇게 말했다. "무엇 때문에 이렇게 오래 걸렸습니까?" 잠시 침묵이 감돌았고, 곧이어 박수갈채가 오래 이어졌다. 파리 협약 발표가 정점에 이르렀던 2년 전, 야니는 역사적인 협약의 최종안에 원주민의 권리 존중을 보장한다는 내용이 삭제되었다는 사실을 확인하고 격앙된 비난을 퍼부었다. 당시 야니는 원주민의 생존권을 위해 싸우러 파리에 온 수백만 명 가운데 한 사람이었을 따름이다. 야니는 강대국들이 자기들의 이익과 재산을 보호하기 위해 싸우느라 그녀가 체감하는 목전에 닥친 유일한 문제, 즉 기후변화의 최전방에 있는, 사미족을 비롯한 여러 부족이 겪는 삶과 죽음 사이의 사투를 못 본 척하는 실태를 질리도록 지켜보았다.

파리 협약 직전에 사프미에 살던 야니의 친척 할머니가 안심할 수 없는 두께의 빙판에서 물에 빠졌다. 할머니를 찾기 위해 무진 애를 썼지만 도무지 찾을 수가 없었다. "여러분, 이것은 분노한 사미족의 얼굴입니다." 야니는 떨리는 목소리로 말했다. "우리 부족은 죽어가고 있습니다. 내 친구들, 내 가족들, 그들은 홍수로 피해를 입고 눈사태로 죽음을 당하고 있습니다. …… 이 협상의 목적이 사람이 아니면 무엇입니까? 우리의 목소리는 여러 번 묵살되었는데 이제 또다시 그래야 합니까?" 그녀의 목소리, 그리고 다른 많은 이들의 목소리에 의해 마침내 협약서에서 제135항 규정이 만들어졌고, 이 규정은 향후 '원주민을 위한 기본 방침'의 밑그림이 되었다. 그리고 이것은 적어도 장차 행동의 기반이 될 것이다.

앵두 부모님의 이혼은 유대 관계가 긴밀한 가부장 사회인 음보로로에서 충격적인 사건이었다. 당시 여섯 살이던 앵두—다섯 남매 중 셋째—는 부모님이 이혼한 후 어머니와 외가 가족과 함께 차드 공화국의 수도 은자메나로 이사했다. 아버지는 가끔씩 유목 생활로 돌아가는 동안 앵두가 학교에 다니도록 허락했는데, 음보로로 마을의 여자아이에게는 흔치 않은 일이었다. "지금은 모두들 익숙하게 여기는 기후변화가 막 시작될 무렵, 교육받을 기회를 얻었지요." 앵두가 말했다. 그러나 앵두를 학교에 보내기로 한 아버지의 용기 때문에 결국 앵두의 어머니는 마을 사람들에게 손가락질을 받았다. "사람들은 자식을, 더구나 여자아이를 학교에 보내다니, 어머니가 미친 게 분명하다고 말했어요." 앵두는 회상한다. "어머니로서는 아주 어려운 도전의 순간이었겠지만, 어머니는 자식들에게 서양식 교육과 정체성을 가르치기로 결심했답니다."

앵두는 학기 중에는 은자메나에서 살았지만, 매년 여름이면 광활한 사헬 지대로 돌아와 마을 유목민의 생활 방식을 이어갔다. 그리고 할머니의 지시에 따라 소젖을 짜고 집안일을 하면서 마을의 다른 유목민 여자아이들과 똑같은 통과 의례를 따랐다. 그러나 여름을 보내고 학교로 돌아오면 출신 지역을 가지고 놀림을 받으며 학교 폭력의 표적이 되곤 했다. "제가 유목민 마을 출신이라는 이유로 여자아이들은 아무도 제 옆에 앉으려 하지 않았습니다. 제게서 시큼한 우유 냄새가 난다며 저를 놀렸죠. 차별당한다는 느낌이 들었습니다." 폭력에 신물이 난 앵두는 자기 손으로 문제를 해결하기로 결심하고, 학교 폭력에 희생된 아이들을 위해 단체를 만들었다. 당시 앵두의 나이는 고작 열두 살이었다. "소외된 아이들, 그리고 나 자신의 권리를 보호하기 위한 단체였습니다." 앵두는 말했다.

약 20년이 지난 지금도 앵두는 그때와 마찬가지로 정의로운 정신을 회복하기 위한 운동에 전념하며 음보로로 마을을 대표해서, 그리고 여성과 원주민 집단의 권리를 옹호하기 위해 공개적으로 의견을 밝힌다. 2000년에는 기후 활동가로서 나이로비 회담에 참석해 처음으로 '기후변화'라는 용어를 듣게 되었다. 음보로로는 변화하는 기후 패턴에 적응하기 위해 수년간 몸부림쳐 왔는데, 앵두는 이때 마을 사람들이 겪은 시련을 별안간 이해할 수 있었다. "우리 마을의 기후 패턴이 극단적으로 달라지고 있다는 건 이미 알았지만, 우리만 그런 고통을 겪고 있다고 생각했습니다. 그래서 전통적으로 내려오는 우리의 고유한 지식만으로 이 변화와 싸워왔지요. 하지만 이제 전 세계의 다른 사람들도 같은 문제로 애쓰고 있다는 걸 알게 됐습니다."

국제적인 기후 외교의 통로 사이에서 방향을 찾으려 애쓰기란 무척 힘든 일이었다. "아프리카 여성은 배제되기 마련입니다. 원주민 여성은 두 배로 소외되지요." 앵두는 말했다. 스물한 살이던 2006년에 앵두는 처음으로 케냐에서 열린 유엔 기후변화협약에 참석했다. 앵두는 참관인 자격으로 주변에 앉아 협상을 지켜볼 수만 있었다. "혼란스럽더군요." 앵두는 회상한다. "음보로로 사람들은 현실에서 살아가는 사람들이었고, 메인테이블에 앉은 사람들은 대도시에서 사는 사람들이었어요. 도시에 사는 사람들은 우리가 경험하는 기후변화의 현실을 알 수 없다고 생각했습니다. 그들은 우리에게 최선의 해결 방법이 무엇인지 결정할 수 없습니다."

앵두는 한때 초등학교 교실에서 유목민 아이라며 소외되었을 때처럼 자신의 마을이 소외되는 걸 방관하며 지켜볼 수는 없다고 결심했다. 그리하여 차드로 돌아온 뒤 차드 정부와 접촉해 음보로로가 처한 문제들을 강조했고, 원주민 마을 페울레의 권리와 환경 보호를 위해 노력했으며, 그들이 자연 자원을 보다 효율적으로 관리하도록 돕기 위해 '차드의 페울레 원주민 여성 단체Association des Femmes Peules Autochtones du Tchad, AFPAT'를 조직했다. "우리 유목민 마을에서는 환경권에 대해 말하지 않고는 인권을 말할 수 없습니다. 우리는 환경이 주는 혜택에 의존하기 때문이지요." 앵두는 말했다. 앵두는 음보로로의 남자, 여자, 노인 들을 모아 그들의 전통 지식을 이용하여 마을의 자원을 표시한 3D 입체 지도를 만들었다. 남자들은 산과 강, 신성한 장소의 위치를, 여자들은 식량과 물을 구하기 위해 다니던 장소의 위치를 알려주었다. 나중에 앵두는 정부의 정책 입안자를 마을에 불러와 이 지도를 보여주었다. "우리는 우리의 입체 지도와 정부의 위성 지도를 나란히 놓았습니다. 그 결과 마을의 지도가 위성 지도보다 기후변화의 영향에 대해 더 현실적인 데이터를 보여준다는 걸 분명히 알 수 있었어요. 우리는 우리의 환경을 정부에 알리기 위해 굳이 학교에 다닐 필요가 없다는 걸 증명해 보였습니다."

코펜하겐 회의에서 개발도상국들은 강대국들이 자신들을 무시하고 배제한 채 독단적으로 협상을 이끈 태도를 강력히 비난했다. 실망스러운 회담을 마친 뒤 앵두는 프랑스의 유명한 다큐멘터리 제작자, 니콜라 윌로Nicolas Hulot(프랑스의 저널리스트이자 작가이며 환경부 장관을 지냈다—옮긴이)에게 차드에 있는 음보로로 마을의 고통을 촬영해 달라고 설득했다. 다큐멘터리 〈삶의 희망Espoir de vie〉은 윌로의 영화 경력에서 마지막 작품으로 2011년에 상영되었다. "바로 그때부터 차드 정부는 우리에게 관심을 보이기 시작했습니다." 앵두는 말했다. 2013년에 앵두는 '원주민 기후변화 국제 포럼International Indigenous Peoples' Forum on Climate Change'의 공동 의장으로 선출되었다. 이제 앵두는 기후변화를 다루는 협상 테이블에서 좌석을 갖게 되었다. 참관인 배지를 달던 과거를 생각하면 이는 의미 있는 진전이었다. 이 자리에서 앵두는 기후변화 해법을 협상할 때 원주민의 전통 지식을 포함시키려 애쓰고 있다. "원주민들과 지역의 공동체들은 이 위기 상황의 최전방에 있습니다. 우리는 산업 국가들이 일으키는 공해로 인해 가장 크게 피해를 입고 있으며, 우리에게 남겨진 땅들은 변화하는 기후로 가장 큰 타격을 받고 있습니다. 우리는 향후 우리가 나아갈 방향을 스스로 헤쳐가야 합니다." 선진국들은 "공해를 멈추고, 석탄 채굴을 중단하고, 재생 에너지와 환경친화적 개발을 고민해야 합니다. 이러한 문제들에 대해 생각하지 않는다면, 그들은 우리를 죽이는 것과 다를 바 없습니다."

대단히 매력적인 젊은 여성인 앵두는 화려하고 우아한 아프리카 전통 의상 차림으로 기후 회의에 등장하여 순식간에 이목을 끈다. 2016년 마라케시에서 열린 유엔 기후정상회의에서 앵두는 몹시 흥분했다. 2015년 파리 협약이 성사될 때, 야니 스테판슨을 비롯한 원주민들이 목소리를 내 원주민을 위한, 의미심장한 타개책을 확보했기 때문이다. 협약문 제135항에 게재된 이 타개책은 원주민을 위한 공약의 필요성을 인식한 것으로, 향후 행동의 기초가 될 터였다. "이제 마라케시에서는 제135항의 내용을 발전시켜야 합니다." 앵두가 말했다. "이것은 우리의 우선권을 인정받을 수 있는 중요한 공약이 될 것입니다."

원주민 이익 단체의 모임을 시작하기 전, 앵두는 이 단체가 공약을 발전시키기 위해 힘겹게 애쓰고 있다고 고백했다. 나는 이 단체로부터 연설을 부탁받고, 아일랜드 역사에서 주목할 만한 순간을 이야기했다. 아일랜드에 감자 기근이 일어난 지 3년째 되던 해인 1847년, 역시나 감자 농사가 흉작이 되자 미국의 촉토 부족이 아일랜드인들을 도왔다. 그해 봄은 촉토 부족이 부족의 땅에서 추방되어 오클라호마로 이주한 지 10년째 되던 때였다. 저 먼 곳에 있는 섬에서 수백만 명이 굶주리고 있다는 걸 어떻게 알았는지, 촉토 부족 사람들은 회의를 열어 173달러를 모아—당시로서는 큰 금액이었다—기근으로 피해를 입은 아일랜드 사람들을 구제하기 위한 성금으로 보냈다. 150년 뒤인 1997년 3월에 나는 아일랜드 대통령으로서 촉토 부족에게 감사의 인사를 하기 위해 오클라호마로 향했다. 수천 마일 떨어진 어느 섬에서 죽어가고 쇠약해져 가는 사람들에게 촉토 부족이 보여준 연민은, 도움은 뜻밖의 장소에서 올 수 있으며 공감을 형성하는 데 지리적 요소는 아무런 방해가 되지 않는다는 증거였다.

유목민 공동체의 만류에도 불구하고 딸을 교육시킨 앵두 부모님의 용기 덕분에, 음보로로 마을은 뜻밖에도 젊은 여성의 조용하지만 단호한 목소리를 통해 생명줄을 얻게 되었다. 교육을 받은 덕분에 앵두는 공동체를 대변하는 목소리가 될 수 있었고, 가부장적인 음보로로 공동체의 지위를 끌어올릴 수 있었다. 앵두가 마을의 원로들에게 진심으로 받아들여지기까지, 성별 때문에 그들에게 무시당하지 않기까지 10년이라는 시간이 걸렸으며, 지금은 그들에게 존경받는 사람이 되었다. 최근 서양의 기자들이 음보로로를 방문했을 때 앵두가 그들을 인솔했는데, 한 기자가 마을 어른들에게 앵두의 노력에 대해 어떻게 생각하느냐고 물었다. "앵두는 우리 마을의 희망이오." 한 노인이 답했다. "우리는 하늘에서 비행기가 보이면 손으로 가리키면서 이렇게 말한다오. '저기 협상단에 앵두가 있어. 앵두가 우리를 위해 해결하러 갔잖아'라고 말이오." 그들의 이런 믿음이 있기에, 앵두는 기후변화 협상을 위해 해외에 파견을 다녀오면 가장 먼저 사헬 지대로 가서 어른들을 방문한다. 앵두는 어른들이 제일 먼저 던질 질문, 즉 마을의 문제를 해결할 방법을 가지고 왔느냐는 질문이 몹시 두렵다.

"저는 어른들에게 곧 해결 방법을 가지고 오겠다고 말합니다." 앵두는 눈물을 글썽이며 말했다. "어른들은 제가 해결책을 찾고 있다고 생각하시지만, 저는 알아요. 기후변화와의 싸움은 느리게 진행되리라는 걸, 내일이 와도 해결 방법은 딱히 없으리라는 걸 말이에요. 이 문제의 해결책은 그분들에게 도움이 되지 않을 거라는 것도요. 당분간은 아무런 해결 방법이 없을 테니까요." 하지만 앵두는 이내 자신을 추스르며 강인한 모습을 보여준다. 해결책을 찾는 것이 앵두의 목표이기에, 앵두는 계속해서 싸우기로 결심하면서 다시 한번 이렇게 말한다. "우리는 장차 우리가 나아갈 길을 스스로 헤쳐가야 해요."

어쩌면 우리는, 앵두와 야니의 경험은 우리 삶과 동떨어져 있으니 우리와 아무런 관련이 없다고 여길지 모른다. 그러나 그들의 이야기는 우리에게 심각한 경고다. 앵두가 사는 사헬 지대 마을에 닥친 물 부족 현상, 야니가 사는 사프미 전역에 눈이 녹아 질척이는 툰드라는 지구가 곤경에 처했음을 알리는 조난 신호임이 분명하다. 그들의 운명은 우리의 운명과 떼려야 뗄 수 없을 만큼 긴밀하게 연결되어 있다. 그들의 원주민 마을은 땅과 자연계와 밀접한 관계를 맺고 있다. 수년 전 과학자들은 기후변화의 규모를 완벽하게 파악하고 있었고, 사헬과 사프미의 목부들은 두려울 정도로 달라진 날씨에 대해 이야기했다. 우리는 이러한 구조적 변화에 적응해 온 그들의 지혜에서 배울 수 있다. 우리는 그들의 말에 귀를 기울여야 한다.

6장

평등을 향한 작은 발걸음

CLIMATE
JUSTICE

베트남은 2000마일(3200킬로미터)이 넘는 긴 해안선이 이어져 있어 기후변화의 영향에 매우 취약하다. 베트남의 낮은 해안 지대와 강물에 의해 형성된 드넓은 삼각주는 해수면이 상승하면 경작지가 바닷물에 침수되기 일쑤인데, 특히 베트남 인구의 약 4분의 1이 거주하는 메콩강 삼각주 지역은 그 피해가 대단히 크다. 내륙의 사정도 다르지 않다. 고지대에 위치한 마을들이 갑작스러운 홍수를 비롯해 예측할 수 없는 악천후에 시달리고 있으며, 이러한 기상 변화는 가뜩이나 빈곤이 만연하고 식량 공급이 불안정한 산악 마을의 환경을 더욱 악화시킨다.

손자 넷을 둔 부티히앤Vu Thi Hien 할머니는, 베트남의 자연림과 생물다양성을 보존하고 이 자연림에 인접한 석회암 경사지의 가난한 마을들—주로 소수민족 집단으로 이루어진 곳들—을 지원하도록 돕기 위해 하노이 농과대학의 중요한 교수직을 그만두었다. 호페아 오도라타Hopea odorata 같은 베트남의 단단한 토종 나무들이 울창하고 토종 동물들, 새들, 곤충들이 다 함께 콧노래를 부르던 베트남의 자연림은 1940년대 이후 난개발로 파괴되어 차츰 사라지고 있다. 베트남전쟁 시기에는 열대 관목 덤불들 사이에 숨은 베트콩을 노출시키기 위해 미군이 고엽제를 수백만 갤런 뿌린 결과, 베트남 육지 면적의 6퍼센트에 이르는 약 8000제곱마일(2070제곱킬로미터)의 산림이 사라졌다.[1] 그 이후 커피, 캐슈, 고무 같은 고부가 가치를 지닌 경제 작물과 다년생 작물을 재배하기 위한 부지를 마련하기 위해, 또 새우 양식과 수산 양식 부지를 마련하기 위해 산악 고원 지대의 더 많은 삼림지가 개간되었다.[2] 1998년에 베트남 정부는 수백만 헥타르(1헥타르는 약 2.5에이커)에 새로 나무를 심어 국토의 삼림을 1940년대 수준으로 복원하겠다는 획기적인 결정을 공포했고, 대체로 성공을 거두었다. 그러나 1998년 이후로 베트남 전역의 총 삼림지 면적은 늘고 있지만, 목재 수출과 종이 생산을 위한 불법 벌목, 농지 잠식, 그리고 증가하는 기후변화의 영향으로 자연림이 우려될 정도로 붕괴되고 있다.[3] 현재 베트남 전역에서 주요 자연림은 약 8000헥타르만 남아 있다.[4]

지구에서 높은 비율을 차지하는 대양과 마찬가지로 전 세계 삼림 역시 '이산화탄소 흡수원' 역할을 한다. 나무는 평생 동안 광합성을 통해 이산화탄소를 흡수하고 산소를 배출하며, 자라면서 몸통, 가지, 뿌리, 잎에 탄소를 전달한다. 나무가 죽거나 쓰러지거나 타거나 부패하면 저장된 탄소가 이른바 호흡작용을 통해 대기 중으로 다시 날아가 대기 중 이산화탄소 수치를 높이고 온실가스를 증가시킨다. 기후변화와 싸우기 위해서는 땅에 성숙한 삼림을 보존하는 것이 매우 중요한데, 성숙한 삼림은 대기 중 탄소량을 감소시킬 뿐 아니라 탄소를 저장하는 거대한 저장고 역할을 하기 때문이다. 전 세계적으로 보았을 때, 식물과 나무가 호흡 작용으로 흡수하는 이산화탄소 양은 화석연료로 배출되는 이산화탄소 양의 여섯 배에 달한다. 베트남 자연림의 탄소 축적량은 나무가 무성한 삼림의 탄소 축적량에 비해 다섯 배까지 높은 것으로 평가되는 만큼, 베트남의 자연 삼림 지대와 정글을 보존하는 일은 매우 중요하다.[5] 지난 40년 동안만 보더라도 전 세계 10억 에이커(약 404만 6800제곱킬로미터) 이상―미국 땅 크기의 약 절반에 해당하는 넓이―의 열대림이 목재, 채굴, 개발, 자급농업에 의해 파괴되었다.[6] 이러한 삼림 파괴는 무서운 속도로 진행되어 현재 지구온난화의 두 번째 원인으로 지목되며, 총 온실가스 배출량의 약 15퍼센트를 차지한다. 이는 화석연료로 움직이는 전 세계 자동차와 트럭이 내뿜는 온실가스 배출량보다 많다. 영국의 주요한 기후변화 경제학자이며 권위 있는 기후변화 경제학 보고서를 발표한 니컬러스 스턴 경에 따르면, 삼림 파괴를 감소시키는 것은 "비용효율적이며 즉각적인 탄소 배출 감축을 위한, 유일한 최대의 기회"라고 주장한다.[7]

그러나 지구의 숲을 성공적으로 보호하려면, 그리고 탄소 배출량을 감소시키려면 지구의 숲으로 이루어진 지붕 아래에 살면서 숲의 수호자 역할을 하는 원주민 마을에 관심을 기울여야 한다. 교육 기관들과 환경 관련 비정부기구들이 제출한

2016년 보고서에 따르면, 전 세계 열대림의 지상에 축적된 총 탄소량 가운데 적어도 24퍼센트는 원주민들이 관리하는데,[8] 이는 2015년 전 세계 항공 여행에 의해 배출된 이산화탄소 총량의 250배를 훌쩍 넘어선 양이다.[9] 전 세계 열대림에서 배출되는 탄소량 가운데 최소한 10분의 1은 법에 대한 인식이 부족한 지역의 숲에서 발견되며, 이런 숲들은 불법 벌목이나 경작으로 더 큰 위험에 처하게 된다.[10] 2015년 12월에 체결된 파리 협약에 따라 세계가 기후 관련 의무를 행동으로 실천하기 시작한 이때, 삼림 지대 마을이 스스로 거주지를 보호하도록 마을에 권한을 부여한다면 탄소 배출량 증가를 극적으로 안정시키는 데 도움이 될 것이다. 또한 많은 삼림 지대 거주자들이 세계에서 가장 가난한 주민에 속한다는 사실을 감안하여 그들이 직접 삼림 자원을 관리하도록 돕는다면, 수백만 명을 가난에서 벗어나게 할 수도 있을 것이다. 베트남은 숲에 의존하는 최소 2500만 인구의 고향이며, 이들은 수입의 평균 20퍼센트를 산림 자원으로부터 얻는다.[11] 숲에 의존하는 마을의 대다수는 소수민족 집단으로, 이들은 북부 고지대와 중앙 고지대에서 가난하게 살고 있다. 그렇지만 열대림을 살려두기보다 죽이는 편이 더 많은 가치가 있을 때, 가난한 마을 사람들에게 벌목을 근절하자고 설득하는 일은 여전히 과제로 남는다.

1998년 여름, 부티히앤은 시드니 대학교에서 석사 과정을 마친 후 짐을 싸서 베트남으로 돌아왔다. 전에는 학계에 몸담 길 간절히 원했지만 오스트레일리아에서 깊은 자극을 받아, 2000년에 공부를 계속하려는 계획을 포기하고 새로운 행동 을 취하기로 결심했다. 고향으로 돌아가 오스트레일리아에서 배운 기술과 방법론을 자신보다 불우한 사람들을 돕는 데 활 용하겠다고 말이다. "오스트레일리아에서 배운 내용들은 단 순히 학문적인 것이 아니었어요. 저는 효율적인 법질서가 작 동하는 국가에서 제 생각을 표현하는 법을 배웠습니다. 오스 트레일리아에서 생활하는 동안 한 국가가 발전하기 위해서는 무엇이 필요한지, 베트남으로 돌아가 사람들의 생활을 개선 하기 위해 제가 어떻게 기여할 수 있을지 이해하기 시작했습 니다." 히앤은 베트남 북부 고지대 지역인 푸토와 라오까이 에서 소액 융자 프로젝트의 설계 쪽에서 개발 컨설턴트로 일 하면서 이 지역의 소수민족들, 특히 여성들에게 만연한 가난 을 목격하고서 가슴이 먹먹했다. 그리고 그 뒤 베트남 북부의 톱니 모양 산악 경사지를 향해, 눈부시게 아름답지만 혹독하 게 가난한 지역을 향해 본능적으로 줄곧 시선이 머물렀다. 마 침내 히앤은 하노이에서 북쪽으로 약 세 시간가량 떨어진 보 나이현에서 좁은 비포장길을 따라 차를 달려, 무척이나 가파 른 석회암 산이 벽처럼 둘러쳐진 작은 마을에 도착했다. 꾹주 옹 공동체 북쪽에 위치한 빈손 마을에서 히앤은 따이족, 자오 족, 몽족 같은 소수민족 집단을 만났고, 베트남 저지대를 무서운 속도로 휩쓸고 있는 세계화와 도시 개발을 피해 수세기 동안 고유의 방식으로 보존된 그들만의 부족 문화를 접했다. 부족민들은 광활한 열대림 가장자리에서 자신들의 생계를 위해 손바닥만 한 좁은 땅을 어떻게 돌보는지, 그곳에서 물벼와 옥수수, 카사바, 채소 들을 어떻게 수확하는지, 토종 활엽수들의 그늘 아래에서 돼지와 물소, 닭 들을 어떻게 기르는지 히앤에게 보여주었다. 집집마다 칡, 참마, 고사리를 캤고, 땔감을 줍기 위해 매일같이 열대림 지붕 밑을 뒤지고 다니면서 빈약한 농가 수입을 보충했다. 부족의 여자들은 백두구, 제비꿀, 영지버섯 같은 귀한 약초를 구하기 위해 산속 습지를 샅샅이 뒤졌다. 그러나 최근 몇 십 년 사이에 이루어진 지나친 벌목으로 산림 크기가 축소되기 시작했다고 부족 사람들은 히앤에게 말했다. 성인 몇 명이 팔을 벌려 연결해도 그 몸통을 다 감싸지 못할 만큼 크기가 웅장한, 귀하고 장엄한 셴무 나무*Burretiodendron hsienmu*는 이제 거의 찾아볼 수 없었다. 멧닭에서 황새, 표범, 원숭이, 산양에 이르기까지 숲속에 사는 다양하고 풍부한 생물들이 만들어내는 불협화음은 벌목꾼 전기톱의 포효로 잦아든 지 오래였다. 나무가 베어진 면적이 커질수록 주변 부족에 미치는 영향은 더욱 분명해졌다. "숲은 주변 마을의 기온을 조절합니다." 히앤이 말했다. "숲에 그늘이 없으니 여름엔 너무 뜨겁고 겨울엔 너무 추웠어요. 나무가 베어져 물이 농장까지 흐르지 못했고요. 주기적으로 가뭄도 발생했습니다. 흉작이 나타나기 시작해 마을 사람들은 농사를 지어서는 소득을 얻을 수 없었죠." 마을 여자들 대부분이 소득의 원천으로 숲에 의존했기에 이 같은 자원의 퇴화는 성차별을 부추기고 악화시키기 시작했다.

자신의 연구와, 숲에 삶의 기반을 둔 소수민족 공동체들의 빈곤에 자극을 받은 히앤은 직접 비정부기구인 '고지대 지역 연구개발 센터 Centre of Research and Development in Upland Areas, CERDA' 를 설립하기로 결심했다. CERDA를 통해 깊은 통찰을 얻은 히앤은 고지대 마을에 삼림 소유권 혹은 사용권을 공식적으로 부여하도록 베트남 정부 당국자들을 설득했다. 마을 사람들이 관리자 역할을 하고 수입을 창출하며 벌목과 기후변화로 인한 영향을 완화할 수 있도록 말이다.[12] "제가 만난 가족들에게 깊은 감동을 받았습니다." 히앤은 말했다. "그들의 이미지가 머리에서 떠나질 않았어요. 극심한 빈곤에도 불구하고 그들은 대단히 품위 있었습니다. 그들은 정부 공채를 신청할 때도 자존심을 지켰어요. 저는 그들을 돕고 싶었습니다."

1년 뒤인 2005년에 유엔 기후변화협약은 REDD라는 제목의 사업안 Reducing Emissions from Deforestation and forest Degradation (개발도상국의 산림 벌채와 산림 황폐화 방지에 따른 탄소 배출량 감소, 산림 보존 및 지속가능한 경영, 탄소 축적량 개선과 같은 개발도상국의 역할을 내용으로 한다)을 발표했다. 개발도상국이 불법 산림 벌목을 중단하고, 지속가능한 산림 관리를 꾀하는 프로젝트에 투자함으로써 탄소 배출을 상쇄하도록 하기 위해서였다. 이 프로그램—나중에 REDD+로 확대되었다—을 통해 산림 내부나 근처에서 생활하는 현지 원주민 마을들은 산림을 관리하고 보호하며 탄소가 얼마나 절약되고 있는지 감시하도록 계약을 맺었다. 이 원주민 공동체들은 그들을 기후변화에 적응하게 해준 전통 지식과 방식을 발전시키면서 아득히 먼 옛날부터 그들의 숲을 지속가능하도록 관리해 왔다. 따라서 이러한 전문가들을 결집시키는 것은 산림 보존에 매우 중요할 터였다. 2009년에 베트남은 유엔-REDD 프로그램을 위해 세계 최초로 선택된 시험 국가 중 하나가 되었고, 히앤의 지도와 국제 기금의 지원을 받은 CERDA는 타이응우옌 성城의 소수민족들이 그들의 자연림을 보호하고 보존할 수 있도록 이곳에서 시범 프로젝트에 착수했다.

베트남의 강력한 위계적 의사 결정 방식은 성과 현 단위에서 중요한 통제 수단이다. 히앤은 이 같은 의사 결정 방식에 맞닥뜨리면서 공동체의 신뢰를 얻으려면 무엇보다 먼저 지방 정부 당국자, 마을의 지도자들과 관계를 맺어야 한다는 걸 알게 되었다. 마을 지도자들의 도움으로 히앤은 마을에서 모임을 열어 기후변화와 숲 보존의 중요성에 관한 문제들을 교육했다. 히앤은 숲을 지키기 위해 수세대에 걸쳐 쌓아온 지식과 전통을 이제는 가족의 수입을 창출하기 위해 사용할 수 있다고 설명했다. 히앤의 말에 설득된 마을 사람들은 자치 단체를 만드는 데 동의했고, 각 단체마다 열다섯 혹은 스물다섯 가정으로 구성된 법인체를 만들었다. 그리고 각 공동체는 의장과 이사회, 마을 지도자들이 포함된 통제 및 관리 위원회를 선출했다. 회원 가입은 자발적이어서 가입을 원하는 사람은 누구든지 회원 가입 신청서를 제출하도록 장려되었다. 그다음으로 히앤은 산림의 소유권을 할당하는 권한을 가진 지역 정부 당국에 접근했다. 지역 정부 당국은 산림 사용을 감시하고 목재 체적體積을 측정하는 권한을 지역 단체에 부여하기로 합의했다. 2012년부터 2015년까지 2459개 가구로 이루어진 타이응우옌성의 일곱 개 협동조합은 4300헥타르 ― 맨해튼 크기의 4분의 3에 맞먹는 면적 ―를 책임지고 관리했다.

히앤은 유엔 REDD+ 사업으로부터 자금을 지원받아 이 프로젝트에 착수하도록 도왔고, 마을 사람들이 GPS와 탄소 측정 장치를 구입하도록 도왔다. 곧이어 CERDA는 마을 사람들에게 지도 읽는 법, GPS 사용법, 산림 재고 목록 만드는 법, 탄소 측정 방법을 가르쳤다. 협동조합은 산림 보호를 위해 계획을 세웠고, 조합원들에게 땅을 할당하기 위한 투명하고 포괄적인 절차에 착수했다. 명목상 1헥타르당 소액의 수수료가 청구되는데, 이 수수료를 협동조합에 지불하면 참여하는 가구는 산림 지역에 접근할 수 있는 자격을 얻었다. 자격을 갖춘 가구의 구성원들은 팀으로 조직되어 주기적으로 숲에 들어가 나무의 상태를 평가하거나 벌목과 같은 불법 활동을 감시하고 보고했다. 한편 마을 사람들은 목재의 양 및 탄소 절약과 관련한 소액 대출용 회전자금을 통해 REDD+로부터 성과급을 지급받았다. 2016년 8월, 협동조합은 산림 주변의 유의미한 개선점들과 함께 수출과 땔감 마련을 위해 불법으로 수확되는 목재의 양이 감소되었음을 보고했다. "이제 마을 사람들은 물이 돌아왔다고, 희귀 원숭이들을 포함해 숲에 많은 종류의 새로운 식물과 동물 들이 갑자기 마구 생겨나고 있다고 말합니다." 히앤은 말했다. "동물들은 매우 지혜롭지요. 숲이 안전하다는 걸 알고 숲으로 돌아온 거예요. 그 소식에 마음이 무척 행복하고 따뜻해졌답니다."

베트남은 경제적으로 엄청난 과도기를 겪고 있으며, 그 변화의 강도는 베트남 북부의 험준한 산들과 끝없이 펼쳐진 논을 향해 뻗은 하노이 외곽 도로에서 분명하게 드러난다. 새로 건설된 고속도로 옆 오래된 농지들은 대규모 다국적 제조 공장과 토지를 사이에 두고 경쟁하고, 지역 생산물을 가득 실은 자전거는 수출용 광물과 제품을 가득 실은 트럭 옆에서 왜소해 보인다. 21세기로 접어든 지 15년이 지난 현재, 베트남의 GDP는 575퍼센트까지 증가했다. 전통적인 농업 중심 경제에서 현대적인 제품 제조를 기반으로 하는 경제로 빠르게 전환함으로써 빈곤층 인구는 신속하게 감소하고, 전체 인구의 수명은 길어지고 있으며, 인구의 대다수가 어느 때보다 높은 삶의 질을 누리고 있다. 그러나 이처럼 경제 성장이 빠르게 이루어지고 있음에도 지역의 공동체들은 여전히 가난과 사회적 소외라는 문제에 직면한다.

보냐이현의 푸트엉 공동체에 도착한 히앤은 지역 관리자, 협동조합 지도자들과 회원들을 나에게 소개했다. 그들은 대부분 여성이었다. 날씬한 몸매에 우아한 드레스를 입고 얼굴 가득 환한 미소를 지은 히앤의 등장은 매우 인상적이었다. 히앤은 실내에 모인 모든 사람에게 각자 의견을 말해 달라고 요청했다. 보냐이현의 관리자는 산림 지역 관리가 매우 잘 이루어져 기쁘다고 말했고, 지역을 보호하기 위해 잠시도 경계를 게을리하지 않는 협동조합원들을 칭찬했다. 히앤은 CERDA 프로젝트가 처음 시작된 이후 지금까지 푸트엉 공동체에서 얼마나 큰 진척이 있었는지 돌이켜보면서, 예상 밖의 큰 진전에 매우 기쁘다고 고백했다. 2016년 9월에는 베트남 북부와 중부 지역의 일곱 개 공동체 전체가 보호해 온 자연림 규모가 약 5000헥타르에 달했다. "기대 이상이에요." 히앤은 말했다. "이제 산림은 공동으로 관리되고 있고, 산림을 유해하게 이용하는 관행은 최소화되었습니다. 자원이 재생됨에 따라 숲의 나무가 점점 울창해지고 마을은 산림 보호 수당을 받게 되어 새로운 수입원을 갖게 되었습니다."

히앤이 자치 단체들에게 산림을 관리하도록 권한을 부여하려 노력한 결과, 그토록 가부장적이던 농촌사회에서 여러 가지 놀라운 사회적 성과가 나타났다. 그 성과는 마을 회관에 앉아 있는 많은 여성들, 특히 더 높은 산악 지대에 위치한 원주민 마을 다오에 거주하는 많은 여성들의 미소 띤 얼굴에서 아주 분명히 드러났다. CERDA가 개입하기 전, 고지대의 소수민족 여성들은 산림 관리에서 배제되었고 토지 소유권에 접근할 수 없었다. 그러나 CERDA의 도움으로 여성들도 산림 프로그램에 참여할 수 있게 되자 산림 지역에서 여성을 바라보는 시각이 근본적으로 바뀌었다. "여성들부터 먼저 자신들도 동등하게 참여할 수 있다는 생각을 정당하게 받아들이면 마을 사람들도 모두 그 일을 정당하게 여길 거라는 확신이 있었습니다." 히앤은 설명했다. 실내에 모인 몇몇 여성은 이제는 마을의 다른 사람들과 당당하고 자신 있게 관계를 맺고 마을의 의사 결정에 참여할 용기를 얻었다고 나에게 말했다. 바낫 협동조합에서 일하는 한 여성은 자신이 주인 의식과 자부심을 갖게 되었으며, 산림 협동조합이 자신의 삶을 바꾸었다고 말했다. "처음 가입했을 땐 수줍어서 말도 제대로 못 했지만, 이제는 모두가 참여할 수 있다는 걸, 그리고 무엇을 해야 하는지 의견을 말할 수 있다는 걸 깨달았습니다."

"당신 딸도 처음엔 당신처럼 수줍어할까요?" 나는 통역을 통해 그녀에게 물었다.

그 여성은 즉시 단호하게 대답했다. "제 딸은 전혀 수줍어하지 않을 거예요. 제가 당당하게 의견을 말하는 걸 보았고, 여자들도 동등한 자격이 있다는 걸 알고 있으니까요."

지역 공동체와 사람들을 산림 관리의 중심에서 활동하게 함으로써, 히앤은 기후변화의 최전선에서 거주하는 사람들에게 권한을 부여했다. "약하고 가난한 사람들과 함께 일할 땐 그들을 믿어야 합니다." 히앤은 주장한다. "가난하다고 해서 어리석은 건 아닙니다. 이들은 자신의 지식, 자신의 기술, 자신의 체계를 가지고 있습니다. 이들은 해결 방법에 기여할 뿐 아니라 그 방법의 수혜자이기도 하지요. 지구를 보호하고 구할 수 있는 사람들은 바로 이들입니다."

7장

품위 있는 이주

CLIMATE JUSTICE

섬나라 대통령으로서 나는 고국과 해외에 거주하는 수십만 명의 아일랜드인을 만났고, 전국의 지역 단체와 기관을 방문하는 영광을 누렸다. 그렇지만 국제 회담을 마치고 고국으로 돌아왔을 때, 기후변화의 맹습으로 조만간 아일랜드에 거주할 수 없을 거라고 국민들에게 말할 일은 없었다.

그러나 키리바시 공화국Republic of Kiribati의 전 대통령, 아노테 통Anote Tong은 2009년 12월에 코펜하겐에서 열린 유엔 기후변화 총회를 마친 뒤 태평양의 섬나라인 고국으로 돌아와 국민들에게 이렇게 말해야 했다. 키리바시가 바다에 삼켜질 위기에 처했다고 말이다. 키리바시 — 현지어로는 키리바스라고 발음한다 — 는 오스트레일리아와 하와이 중간쯤의 적도에 위치하며 서른세 개의 산호환초와 산호초 섬으로 이루어져 있다. 인구 10만 명이 조금 넘는 키리바시는 알래스카 크기만 한 대양을 가로질러 많은 섬이 흩어져 있는데, 대부분 해수면보다 겨우 6.5피트(약 1.98미터) 높다. 최근 기후 예측 모델들은 북극의 얼음이 녹고 바닷물의 온도가 상승하여 열이 팽창한 결과, 2100년이면 전 세계 바다의 높이가 2피트에서 4피트(약 60센티미터에서 120센티미터) 상승할 것으로 예측한다. 키리바시는 국제 날짜 변경선상에 위치해, 약 20년 전에는 21세기의 첫 시작을 세계에서 가장 먼저 맞이하는 국가였다. 그러나 이제는 비극적인 운명의 장난으로, 기후변화의 영향에 의해 다음 세기의 동이 트기 전에 가장 먼저 사라지는 국가가 될지 모른다.

이런 위협에 대처하기 위해 통은 2014년에 키리바시에서 1000마일(1600킬로미터) 떨어진 곳에 있으며 피지 제도에서 두 번째로 큰 섬인 바누아레부섬의 삼림지 약 6000에이커(약 24제곱킬로미터)를 구입했다. 5년 전에는 역시나 해수면 상승으로 위험에 처한 평화로운 국가 몰디브가 인도와 스리랑카의 땅을 구입하는 방안을 모색하면서 주권 국가의 이전을 고려하는 첫 번째 나라가 되었다. 통은 태평양과 인도양의 작은 섬들이 완전히 전멸할 위험에 처해 있음을 (건조한 문체로) 확인한 제5차 IPCC(유엔의 기후변화에 관한 정부 간 협의체) 평가 보고서를 검토한 후, 800만 달러를 들여 피지섬을 구입하기로 결정했다. 이 보고서에는 "해안 지역과 저지대 지역은 해수면 상승이 상대적으로 높기 때문에 침수, 해안 범람, 해안 침식과 같은 악영향을 점점 더 자주 겪게 될 것이다"라고 기술되어 있었다. 키리바시의 수도인 사우스타라와섬은 6제곱마일(15.5제곱킬로미터) 면적에 약 5만 명의 인구가 거주하며, 땅이 매우 좁아서 섬 중앙에 서면 한쪽으로는 바다를, 다른 쪽으로는 석호를 볼 수 있다. IPCC 평가 보고서 발표를 앞둔 2014년 3월, 키리바시에는 극심한 '최대 만조king tides(지구와 달, 지구와 태양이 가장 가까운 거리에 일렬로 위치할 때 조수의 높이가 최고에 달하는 현상—옮긴이)'가 연거푸 잇따라 오염된 바닷물이 주택을 들이받아 허술하게 지어진 주택들을 산산이 부서뜨렸고, 그로 인해 주민들은 고지대로 피해야 했다. "땅을 구입하는 것은 우리에게 뭔가 선택권이 있다는 도덕적 위안을 줍니다." 통은 국민들을 위한 일종의 대안으로 다른 나라의 땅을 구입하려는 자신의 결심을 되새기면서 말했다. 통은 또한 이 선택이 자신의 나라가 맞이할 최악의 시나리오에 거의 주의를 기울이지 않는 국제사회를 향한 강력한 질타가 될 거라고 믿었다. "메시지는 아주 분명했습니다. 당신들이 믿든 말든, 당신들이 어떤 조치를 취하든 말든 우리의 운명은 정해져 있다는 것입니다." 통은 말했다. "이번 세기 중 언젠가는 해수면이 우리나라 땅에서 가장 높았을 때보다 더 높아질 겁니다."

◆◆◆

전 세계가 기후변화에 따른 최악의 영향을 피해야 한다는 필요에 의해, 파리 협약에서 각 나라는 "지구의 평균 기온 상승을 산업혁명 이전 대비 2℃ 이하로 유지하고, 산업화 이전 대비 1.5℃를 넘지 않도록 억제하기 위해 노력할 것"을 합의했다. 그러나 최근 몇 십 년간 온실가스 배출량 증가로 이 목표를 달성하기 어려워졌으며, 이번 세기 내에 지구의 온도는 산업혁명 이전에 비해 3℃에서 4℃ 증가하는 심각한 결과를 맞게 될 것이다. 2015년 봄, 과학자들은 산업과 농업, 가정에서 이루어지는 활동으로 발생한 이산화탄소, 메탄, 아산화질소 양이 최초로 기준선 400피피엠ppm, parts per million(ppm은 물질의 농도를 나타내는 단위로, 1ppm은 100만분의 1에 해당하는 농도를 나타낸다. 2007년 IPCC는 지구 온도가 산업혁명 이전 대비 2℃ 이상 상승하지 않으려면 대기 중 이산화탄소의 농도가 400ppm을 넘지 않아야 한다고 제안했다—옮긴이)을 넘어서는 기록적인 수준에 달했음을 발견했다. 같은 해에 태평양에는 강력한 엘니뇨 현상—해수면이 상승하는 주기적인 자연 변동 현상—이 발생해 지구 온도에 영향을 미쳤다.

세계 지도자들이 지구의 탄소 배출량 감소를 위해 분투하는 한편, 많은 관찰자들은 키리바시를 속담에 나오는 탄광 속 카나리아(과거 영국의 광부들이 탄광의 유해 가스를 감지하기 위해 일산화탄소 같은 유해 가스에 민감한 카나리아를 탄광에 넣어놓고 카나리아의 이상 행동을 탈출 경고로 삼은 데서 유래한 말로, 재앙이나 위험을 알리는 조기 경보를 의미한다—옮긴이)로 여기고 있다. 다시 말해 키리바시는 해수면 상승과 강력한 폭풍이 국가 전체의 생존을 어떤 식으로 위협하는지 실시간으로 보여주는 안내자 역할을 하고 있는 것이다. 2016년 9월, 국제이주기구Inter- national Organization for Migration의 대표인 빌 레이시 스윙Bill Lacy Swing은 유엔 연설에서, 현재 해수면 위로 고작 1미터 혹은 그 이

하 높이의 지역에 살고 있는 전 세계 7500만 명이 기후변화의 위협을 받으며 망연자실한 상황이라고 경고했다. 미국의 플로리다주와 조지아주 일부 지역은 급격한 해수면 상승으로 이미 조수에 의한 침수가 잦으며, 만조, 즉 맑은 날 해수면이 가장 높은 때만 되어도 바닷물이 인공 장벽 위를 넘어 그 아래 도로까지 침수하기 일쑤다. 고도가 낮은 개발도상국에서 사는 수백만 사람들, 특히 딱히 방어할 장벽을 갖지 못한 아시아 연안 지대에 거주하는 사람들은 홍수와 해수면 상승으로 그 일대가 휩쓸리면 살던 집을 잃기 쉽다. 과학자들은 2050년 무렵이면 해수면 상승 때문에 방글라데시의 인구 중 무려 2500만 명이 집과 생계를 잃을 것이라고 예측한다. 인구의 25퍼센트가 해안에서 100킬로미터 이내에 살고 있는 아프리카에서는 해수면 상승으로 300만 명이 홍수 피해를 입고 있다.

2013년 세계은행 보고서 〈온도를 낮추자 Turn Down the Heat〉는 앞으로 다가올 몇 십 년 뒤 키리바시 국민들이 겪을 참혹한 피해에 대해 충격적일 정도로 자세히 다루었다. 키리바시에는 고지대가 없어서, 해안 마을에서 살 수 없게 될 경우 내륙으로 더 들어갈 수도 없다. "우리의 미래는 어떻게 될까요? 현실은 우리가 집을 잃게 되리라는 것입니다." 아노테 통은 말했다. "IPCC는 이번 세기 말에 지구의 해수면이 약 1미터 상승할 것이라고 예측하고 있습니다. 저는 그것이 우리에게 정확히 어떤 의미인지 압니다. 이번 세기까지 가지도 않

겠지요. 그보다 훨씬 일찍 시작될 겁니다." 키리바시의 사회
경제적 동향—높은 인구 성장률, 외부 섬들에서 수도로의 이
주—이 환상 산호도의 취약성을 악화시키는 한편, 가뜩이나
제한된 섬의 수자원이 빈곤, 인구 과밀, 열악한 위생으로 더
욱더 고갈되기 시작했다. 이러한 여러 요소에 기후변화가 추
가되고 심각한 해수면 상승이 더해지면 키리바시의 담수 공
급은 한층 더 위태로워질 것이다. 걱정스러울 정도로 기후 패
턴이 바뀌면서 최근 몇 년간 홍수가 일반적인 현상이 되었다.

　인권 옹호자로서 나는, 1948년에 유엔 총회가 채택한 인
권 선언문을 작성한 엘리너 루스벨트 Eleanor Roosevelt와 위원회
가 계속해서 머리에 떠오른다. 1958년 3월, 루스벨트는 유엔
에서 발언하면서, 인권은 집과 가까운 작은 곳에서, 어떤 경
우에는 세계 지도에 보이지 않을 만큼 아주 작은 곳에서 시
작된다는 정곡을 찌르는 말을 했다. "그런 곳에서 아무런 의
미를 갖지 못한다면 인권은 어느 곳에서도 거의 의미를 갖지
못합니다." 그녀는 말했다. 루스벨트가 '마그나카르타 Magna
Carta (1215년 영국의 존 왕이 프랑스와의 전쟁에서 거듭 패배한 후
봉건 제후들의 강압에 의해 승인한 칙허장으로, 과세권 제한, 봉건
제후의 권리 보호와 왕권 제한 등이 주요 내용이다. 영국 헌법의 근
거가 된 최초의 문서다—옮긴이)'의 국제판이라고 언급한 인권
선언문이 채택된 지 고작 70년 후에, 인간이 야기한 기후변
화가 가난한 지역을 그처럼 황폐하게 만들고, 키리바시 공화

국 같은 주권 국가의 존폐를 위협하게 될 줄은 이 대단한 여성은 꿈에도 상상하지 못했을 것이다. "어릴 때 집에서 제법 떨어진 외딴 섬마을에 종종 가곤 했습니다." 통은 나에게 말했다. "하지만 나중에 보니 제가 살아오는 동안 이 마을이 차츰 사라지기 시작하는 겁니다. 그러다 몇 년 전 바닷물이 밀려온 후로 마을은 더는 존재할 수 없게 되었습니다." 마을에 남은 것이라고는 현대판 아틀란티스섬의 꼭대기인 양 태평양 바다 위로 삐죽 튀어나온 오래된 교회가 전부다. 촌각을 다투는 전직 대통령에게 교회의 잔해는 냉혹한 시각적 상징물이 되었고, 통은 마을 사람들에게 이 잔해를 보호하기 위해 방파제를 세우자고 요청했다.

중국계인 통은 호리호리한 몸매, 잘 다듬은 콧수염과 짧게 깎은 백발 등 키리바시의 유산을 물려받았다. 키리바시 외곽의 섬들 가운데 하나인 작은 도시섬인 사우스타라와 남쪽에서 태어났으며, 여섯 살에 가톨릭 기숙학교에 다니기 위해 뉴질랜드로 보내지면서 어린 시절의 지독한 가난에서 벗어났다. 그는 아일랜드 수녀들에게 교육을 받았으며 나중에는 어린 시절을 줄곧 뉴질랜드에서 보냈고 마침내 오클랜드 대학교에서 화학을 전공했다. 졸업 후에는 한동안 피지에서 키리바시의 외교관으로 근무한 뒤 1970년대에 키리바시로 다시 돌아왔고, 2003년에는 그의 형 해리를 상대로 정치적 투쟁을 벌인 후, 단 1000표 차이로 대통령에 당선되었다.

통은 모래로 뒤덮인 키리바시 환상 산호도의 윤곽을 상세히 아는, 유능한 어부로서 수십 년 전부터 바다에 뭔가 문제가 생겼음을 알아차리고 양측의 논의를 모두 고려하여 기후변화에 관한 과학적 지식을 부지런히 연구하기 시작했다. "전 세계 많은 사람들이 그렇듯이, 과학에 관한 논란이 계속될수록 논쟁은 더욱 혼란스러워졌습니다." 통은 이렇게 회상한다. "우리에게 어떤 미래가 예측되는지 들었으면서도 여전히 기회가 남아 있길 희망했지요." 그러나 대통령에 당선된지 4년째 되던 해인 2007년, IPCC의 제4회 평가 보고서를 읽었을 땐 이미 모든 것이 변한 뒤였다. "그 뒤 저는 완전히 공포에 사로잡히기 시작했습니다. 저는 보고서를 더욱 꼼꼼하게 읽으며 의미를 분석하기 시작했지요. 과학적인 측면에서가 아니라 키리바시 국민을 위해서요. 저는 무척이나 두려웠습니다." 통은 즉시 국가 소멸에 대비한 긴급 대책을 세우기 시작했다. 그러나 이 뉴스가 국민들 사이에서 어떻게 받아들여질지 걱정되어 당분간은 아무런 발표도 하지 않았다. "앞으로 닥칠 위험이 얼마나 심각한지 아무도 파악할 수 없었기에, 심사숙고 끝에 국민들에게는 알리지 않기로 했습니다. 우리에게 일어날 일을 멈추기 위해 국민들이 할 수 있는 일이 아무것도 없다고 판단했지요. 그래봐야 결국 국민들의 남은 삶을 비참하게 만들 테니까요."

◆◆◆

2009년 12월, 코펜하겐에서 열린 기후변화에 관한 유엔 연례 정상회의는 막판에 혼돈과 비난이 난무한 가운데 분위기가 크게 격앙되고 훼손되었다. 코펜하겐은 주요 선진국의 탄소 배출량 감축과 관련해 최초로 공약을 내놓았지만, 통을 비롯한 약소국 지도자들이 이번 세기 지구의 온도 상승이 1.5℃를 넘지 않길 희망하며 끝까지 요구하던 감축량에는 턱없이 부족했다. 게다가 극적인 마지막 순간에 협상안에 있던 1.5℃에 관한 모든 언급―중국, 남아프리카, 인도, 브라질, 미국 사이에서 중재된―이 삭제되어, 통을 비롯한 약소국 지도자들을 곤혹스럽게 만들었다. 메시지는 분명했다. 온실가스 배출 감축을 위한 전 세계적 싸움에서 키리바시를 비롯한 태평양 국가들은 부수적으로 피해를 입게 되리라는 것이었다. 통에게는 심한 모욕과 다름없었다. 세계 무대에서 함께 활동하는 동료 대통령들―화석연료를 바탕으로 경제를 건설해 온 선진국 지도자들―은 키리바시에 사형 선고를 내린 셈이다.

상당수 약소국 지도자들은 협상에서 배제된 채 말 그대로 12월 눈밭에 서 있는 동안, 주요 강대국들끼리 밤늦도록 논쟁을 벌이는 장면을 목격하는 것은 내게 무척이나 고통스러운 일이었다. 나는 기후정의를 위한 싸움은 개인 차원뿐 아니라 국가 차원에도 중점을 두어야 하며, 기후정의에 관한 개념을 확대하여 협상 테이블에서 약소국들에게 자리를 마련하고 그들이 목소리를 낼 수 있도록 해야 한다는 사실을 깨닫기 시작했다.

코펜하겐 유엔 기후정상회의는 통에게 분수령이 된 계기였다. 통은 나라를 구하려면 독자적으로 행동해야 한다는 걸 깨달은 채 낙담과 분노를 안고 키리바시로 돌아왔다. "무척 화가 났습니다." 통은 회상한다. "사람이 자신의 목소리를 내지 못하면 극단주의자가 될 수 있다는 걸 이제는 이해합니다. 코펜하겐 회담 이후 저는 깊은 배신감과 허무감을 느꼈습니다. 그렇지만 우리가 할 수 있는 뭔가 다른 일들이 있는지 계속 모색해야 한다는 걸 알고 있었죠. 그렇지 않으면 지도자가 될 자격이 없을 테니까 말입니다." 몇 주 동안 통의 머릿속에서는 한 가지 영상이 떠나질 않았다. 키리바시 국민들이 물속에서 허우적대며 선진국 이름이 박힌 구명보트에 오르려고 발버둥치는 영상이었다. 코펜하겐에서 통은 2℃ 이하의 기온 상승 조건을 포함한 합의에 대해 일부 선진국 지도자들이 자기네 나라의 경제에 위험을 초래할 거라며 일장 연설을 늘어놓으면서 자신을 가르치려 든다는 느낌을 받았다. 통은 그들을 강하게 비난했다. "1.5℃ 이상의 조건은 국민 한 사람으로서 우리나라 미래에 위협이 된다고 그들에게 말했습니다. 때가 되면 키리바시 국민들은 구명보트에 오르려고 발버둥 치다가 보트에서 밀려나겠지요. 그 모습이 제 머릿속에서 떠나질 않습니다."

코펜하겐 회담 이후 몇 주 동안 통은 극심한 실패감과 좌절감에 맞서 싸우려 애쓰는 한편, 국가의 종말에 대비하기 위한 계획을 세웠다. "이제부터는 한 걸음 더 나아가 국민들에게 다 함께 해결책을 찾아야 한다고 말해야 했습니다. 우리에게 닥친 현실을 인지하고 받아들여야 했지요." 이제 통은 국내뿐 아니라 해외에 거주하는 회의적인 청중에게 이 주제를 어떻게 꺼내는 것이 좋을지 생각하려 애썼다. "이 문제를 가지고 이야기하려면 방식을 바꿀 필요가 있었습니다. 누군가 우리에게 잘못했다고 비난하면 그 사람 말을 듣고 싶지 않을 테니까요. 그러므로 이 일이 우리나라만의 문제가 아니라는 걸 다른 나라 사람들에게 깨닫게 할 필요가 있었습니다. 좋든 싫든 이것은 그들의 문제이기도 하다는 걸 말입니다. 하지만 그렇다 해도 그런 식으로 이야기하기까지 여전히 오랜 시간이 걸렸습니다."

아노테 통의 위엄 있는 태도, 차분한 권위, 도덕적인 자세는 그가 평범한 대통령이 아님을 분명히 보여주었다. "과학은 기후변화에 관해 아주 분명하게 이야기합니다. 그 위험의 심각성과 긴급성은 그날 코펜하겐에 참석한 모든 나라에 동일하게 적용되지 않겠지만, 방향성만큼은 두말할 나위 없이 동일합니다." 나아가 통은 고국을 구하기 위해 국제적 차원에서 최선을 다할 뿐 아니라 지금까지 이용해 온 최적의 전략, 즉 '자신의 이야기 말하기'라는 방법도 계속해서 이용하겠다고 다짐했다. 콘스탄스 오콜레트와 마찬가지로, 통은 사실상 말하기의 힘을 알고 있었기에 키리바시가 처한 곤경을 세계 모든 나라에 알리기로 결심했다. "들을 준비가 된 사람에게는 누구에게나 제 이야기를 하겠습니다. 저는 지금까지 간과되어 온 인간의 중요성을 강조하고 싶습니다. 북극곰에게는 그토록 관심이 많으면서 지구 한가운데에 사는 인간에게는 아무런 관심도 두지 않는 실태를 말하고 싶습니다."

코펜하겐 회담 이후, 통의 이야기로 키리바시는 국제 언론의 스포트라이트를 받았다. 그러나 국내에서는 이 관심이 현지의 반대 세력과 기독교 지도자들, 일부 거주자들의 비난으로 돌아왔다. 이들은 자신들의 운명은 오직 신의 손에 달렸다고 여겼다. 일부 해외 과학자들도 침식과 홍수에 관한 통의 발표에 반대하면서, 해수면 상승이 미칠 영향을 과장하는 경향이 있다고 주장했다. 그러나 중력에 의한 달의 인력은 해마다 키리바시에 더 높은 최대 만조를 일으켜 바닷물은 식수를 오염시키고, 농작물을 망치고, 식량난을 일으킨다. 통은 자신이 기후변화에 대해 이야기할수록, 키리바시의 젊은이들에게 장차 어떤 일이 닥칠지 이야기할수록, 젊은이들은 서둘러 섬을 떠나려 하리란 걸 잘 안다. 통은 키리바시 젊은이들에게 미래가 열릴 수 있도록, 그들이 섬에서 살 수 없게 될 때를 대비해 경제적 생명줄을 보장하기 위해 간호직과 목공 일을 비롯해 다양한 기술을 익힐 수 있는 직업 훈련 프로그램을 만들었다. "품위 있는 이민이 현실적인 전략입니다." 그가 말했다. "이 개념에서 새로운 점은 기후가 초래한 이민을 적용할 수 있는 것이라고 생각합니다. 이민을 선택하는 사람들이 나라를 떠나는 과정에서 고통이 없길, 나아가 행복하길 바랍니다. 그들은 우수한 실력을 갖추고 이민을 가게 될 것입니다. 우리가 그들을 준비시킬 거예요."

2016년에 통은 대통령 직을 세 차례 연임해서 더는 재선이 불가능해지면서 정계에서 은퇴했다. 통은 키리바시의 새 정부가 기후변화에 대응하기 위한 조치들을 지원하지만 그것이 최우선 순위가 아님을 알기에, 대통령 직을 내려놓으면서 걱정이 컸다. "그렇기 때문에 저는 그들과 계속해서 대화해야 합니다. 우리는 결코 포기할 수 없어요. 아니, 포기해서는 안 됩니다. 어떠한 장애가 닥친다 해도 말이지요. 우리에게 포기란 있을 수 없습니다."

통은 이제 거대한 부유식 인공섬 건설 분야에서 선두를 달리는 일본, 한국, 아랍에미리트 공화국의 엔지니어링 기업들과 접촉하고 있다. 재정 및 물류 면에서 해결해야 할 버거운 문제가 많지만, 이번 세대가 어렵다면 다음 세대에는 부유식 인공섬이 키리바시의 생명줄이 되리라 희망한다.

통은 사람이 물에 빠지면 살기 위해 무엇이든 붙잡기 마련이라고 믿는다. 그가 키리바시 국민을 구하기 위해 시시포스

와도 같은 끝없는 과업에 평생을 바치려는 이유다.

"최악을 대비하고 최선을 희망하고 싶습니다." 그는 말한다.

8장

책임감 갖기

성공한 사업가인 내털리 아이작스 Natalie Isaacs 는 스스로 기후 변화에 대해 많이 알고 있다고 생각했다. 적어도 남편과 함께 누비던 오스트레일리아 시드니 사교계의 디너파티에서 사정 밝은 사람들과 대화를 나눌 때 자신의 의견을 고수할 정도는 된다고 말이다. 그러나 화장품 회사를 운영하며 네 아이를 돌보느라 바쁜 생활 속에서, 내털리는 가족들이 쏟아내는 종이와 플라스틱 쓰레기를 재활용하는 건 고사하고 환경 문제에 관심을 갖기에도 하루하루가 빠듯했다.

"저녁 식탁에 둘러앉아 환경 변화에 대해 이야기할 때면 앞으로 어떤 일이 일어날지 두려웠어요. 그렇지만 금세 잊어버리고는 평소처럼 각자 할 일을 했죠."풍성하고 붉은 곱슬머리에 온화하고 쾌활한 목소리로 내털리가 회상한다. "재활용 분리수거를 해본 적도 없었어요. 미래가 어떻게 될지 머리로는 알고 있었지만 그것에 대비해 실제로 행동에 옮기는 것까지는 전혀 연결하지 못했죠. 그저 이렇게만 생각했어요. '개인 한 사람이 뭘 어떻게 할 수 있겠어? 그리고 이건 내 문제가 아니잖아'라고 말이에요. 아주 오랫동안 그런 식으로 생각했답니다. 기후변화는 전혀 제 관심사가 아니었거든요."

내털리는 치열한 화장품 업계에서 경쟁하면서 직장 생활

내내 엄청난 플라스틱 쓰레기를 만들어왔다. 직원들과 회의를 할 때면 근사하게 포장된 미용 제품, 플라스틱 튜브, 셀로판 포장재로 감싼 용기로 가장 가까운 경쟁사를 이기고 소비자를 끌어들이기 위해 최선의 방법이 무엇인지 계획하고 구상했다. "다른 회사 제품을 선반에서 끌어내리고 그 자리에 우리 회사 제품을 채워 넣는 것이 직장 경력을 유지하는 내내 제가 해온 일이었습니다." 내털리가 말했다.

그러나 2006년, 뜻하지 않은 일련의 사건으로 내털리는 잠시 멈추어 주변 세계의 변화에 대해 숙고할 시간을 가져야 했다. 그해에 몇 차례 산불이 일어났으며, 일부는 오스트레일리아에서 수십 년 만에 처음 일어난 최악의 산불이었다. 불은 시드니 시내까지 내려왔다. 불길은 시내 변두리 집들을 집어삼켰고 매캐한 검은 연기가 태양을 가렸다. 소방관 수천 명이 사투를 벌이며 화재를 진압하는 동안, 시드니 외곽에서 북쪽으로 향하는 주요 도로는 모두 차단되었다. 4년 전에도 시드니에서 유사한 규모의 산불이 일어났지만 이번 산불은 조금 더 긴박하게 느껴져, 내털리는 무서운 속도로 내려오는 산불을 시드니 북쪽 해변에 자리한 집에서 점점 초조해지는 심정으로 지켜보았다. "최악의 가뭄, 더위, 산불을 그해에 모두 겪었던 것 같아요. 지금 우리가 상대하고 있는 극심한 기후 패턴이나 가뭄과 비교하면 아무것도 아닌 것 같지만요."

같은 해 여름, 내털리는 앨 고어의 역사적 다큐멘터리 〈불편한 진실〉을 보았다. 기후변화에 본격적으로 대비해야 할 '도덕적 책무'에 대한 고어의 개괄적인 설명에 귀를 기울였고, 이산화탄소 배출 증가율과 그에 따른 기온 상승률을 나타내는 충격적인 붉은 선들이 어지럽게 뒤엉킨 그래프를 경악하며 지켜보았다. 그러나 전직 환경 전문 기자이며 현재 친환경 컨설턴트이자 기후변화에 관한 책을 쓰고 있던 남편 머리Murray에게는 전혀 새로운 사실이 아니었다. 침수된 해안선, 사라지는 빙원, 달라지는 기후 패턴은 머리가 매일같이 다루는 가장 기본적인 내용들이었다. "머리는 이따금 저에게 자기 책을 읽고 교정해 달라고 부탁하곤 했어요. 원고에는 제가 이해할 수 없는 많은 정보가 담겨 있더군요. 저는 한 구절을 읽고 머리에게 물었지요. '기온이 3℃ 상승한다는 게 실제로 무슨 의미야?' 그 순간 그 의미가 이해되면서 오싹 공포감이 밀려들더군요."

2006년 여름, 머리는 각 가정에 에너지 절약형 전구를 무료로 설치하기 위해 대학생 자원봉사자들이 참여하는 어느 환경 단체와 함께 일했다. 신규 사업인 만큼 약간의 마케팅과 판매에 관한 전문 지식이 필요했기에 그들은 내털리에게 도움을 청했다. 어느 날 밤, 100만 번째 전구 설치를 기념하여 시드니에서 열린 한 파티에서 내털리는 한 가지 생각이 떠올랐다. "기후변화에 대해 들었던 다양한 이야기가 전부 맞아떨어지기 시작했어요. 그리고 바로 그 즉시 우리 집 전기 요금을 내리기로 결심했지요."

이튿날 내털리는 집 안의 전구를 전부 다 에너지 효율이 높은 모델로 교체하고, 방을 나가거나 외출할 때마다 불을 끄기로 결심했다. 세탁기, 텔레비전, 스테레오 등 사용하지 않는 전기 장치의 플러그도 모두 뽑았고 빨랫줄에 빨래를 널어 여름 열기에 말리기 시작했다. 내털리 집에서의 전기 소비량은 단시간에 20퍼센트까지 감소했다. 에너지 절약을 위해 노력한 뒤 전기 요금 고지서를 손에 들었을 때 내털리는 흥분으로 전율을 느꼈다. "깨달음을 얻은 순간이었어요. 그 뒤로 저는 완전히 달라졌답니다. 이 문제에 대해 주인 의식을 갖게 되었어요. 제가 말했지요. '이제부터 삶의 방식을 바꾸겠어'라고 말이에요. 더 많은 걸 바꾸고 싶었어요. 모든 걸 바꾸고 싶었지요."

이제 내털리는 생활 쓰레기로 관심을 돌렸다. 플라스틱 포장재, 냉동팩, 키친타월 등 플라스틱과 종이류 구입을 줄이기 시작했고 재활용 규칙도 꼼꼼하게 작성했다. 가능하면 지역에서 생산하는 농산물을 구입했고 육류 소비를 줄였다. 포장이 과한 식품은 피하고, 퇴비를 만들고, 지렁이 농장 몇 개를 구입했다. 내털리의 생활 쓰레기는 몇 개월 안에 거의 80퍼센트가 줄었다. 내털리는 그 기분에 중독되었고 더욱더 용기를 얻었다. "한번 해봐서 결과를 확인하고 나니, 다음, 그다음, 그다음에도 계속 실천할 용기가 생기더군요. 적을수록 좋다는 삶의 비결을 배우게 된 거예요. 그 깨달음은 제게 굉장한 자유를 선사했습니다. 무척 가벼워진 느낌이 들었습니다."

극단적인 기후 패턴은 최근 몇 십 년 동안 오스트레일리아 전역에서 나타난 일반적인 현상이 되었으며, 가뭄, 산불, 홍수, 폭염은 세계에서 탄소 발자국carbon footprint(개인, 기업, 국가의 활동이나 상품을 생산하고 소비하는 전 과정을 통해 직간접적으로 배출되는 온실가스, 특히 이산화탄소의 총량—옮긴이)이 가장 높은 산업을 보유한 나라의 경제를 악화시켰다. 1970년대 이후 오스트레일리아 북부는 더욱 습해졌고 남부는 더욱 건조해졌으며, 맹렬한 산불은 전국 수백만 에이커의 땅을 검게 그을렸다. 2016년에 오스트레일리아 정부는 오스트레일리아 전역의 지면 온도가 1910년 이후로 1℃ 증가했음을 설명하는 보고서를 발표했다.[1] 증가한 수치가 작아 보일지 모르지만, 과학자들은 이 수치가 기준치 평균을 바꾸고 기후를 악화시켜 기상 이변을 일으키기에 충분하다고 말한다. 보고서는 태즈메이니아주의 대기 중 온실가스를 측정한 자료를 제시하면서, 일부 지역의 강우량이 약 20퍼센트까지 떨어졌다고 결론 내렸다. 강수량 부족은 오스트레일리아의 농업 생산량에 막대한 피해를 입혀, 많은 농부들, 특히 오스트레일리아의 곡창 지대인 머리달링강 유역의 농부들은 변해 가는 기후 패턴과 수십 년간 지속되는 가뭄에 대처하기 위해 분투하고 있다. 2017년 초에는 뉴사우스웨일스 전역에 닥친 폭염으로 기온이 45℃(113℉)가 넘어갔고, 이 같은 기록적인 수치가 표준이 될지 모른다는 우려를 불러일으켰다. 3년 전인 2014년에는 44℃(111.2℉)를 육박하는 폭염이 기승을 부려 오스트레일리아 오픈 테니스 선수권 대회 주최 측은 대회를 잠시 중단해야 했다.

대양 온난화의 75퍼센트는 기후변화의 사정거리 안에 있는 남반구에서 발생하고 있다. 따뜻해진 바다는 퀸즐랜드 북동쪽 해안에서 1400마일(2240킬로미터) 떨어진 곳까지 이어진 오스트레일리아의 보물, 그레이트배리어리프 Great Barrier Reef에도 치명적 영향을 미쳤다. 지구 최대의 살아 있는 구조물인 그레이트배리어리프는 작은 산호초 2900개와 900개가 넘는 섬으로 이루어져 있는데, 미지근한 대양 온도 때문에 이 모두가 서서히 백화 현상(산호초의 세포 조직에 서식하면서 색깔을 만들어주는 해조류가 사라지고 흰색의 석회 조류가 달라붙어 산호가 하얗게 변하는 현상. 산호초와 해조류는 서로 먹이를 공급해주는 공생 관계지만 수온이 29℃ 이상 올라가면 해조류는 산호를 떠나게 되고, 따라서 백화가 지속되면 산호는 영양분을 공급받지 못해 결국 죽게 된다—옮긴이)을 보이고 있다. 2017년에 해양과학자들은 항공 및 수중 조사를 통해, 바닷물의 온도 상승으로 수백 마일을 가로지르는 거대한 산호초 군락들이 죽어서 사라졌다고 밝혔다.[2] 30년 전만 해도 과학자들은 산호초가 이 정도로 파괴된 광경을 보게 될 줄은 전혀 예상하지 못했다. 더 남쪽에서는 호주의 상징인 유대목有袋目 동물, 코알라 역시 멸종 위기에 처해 있다. 기온 상승, 더 길어진 가뭄, 극심한 산불 등으로 자연 서식지가 파괴되고 있기 때문이다. 환경운동가들은 정부가 기후변화의 영향을 억제하기 위해 국토 관리에 변화를 꾀하지 않는다면, 이 사랑스러운 오스트레일리아의 상징물은 그 수가 크게 감소할 것이라고 경고한다.

사람들은 섬으로 이루어진 오스트레일리아 대륙이 이처럼 대대적으로 파괴되고 있는 만큼, 오스트레일리아가 탄소에 의한 대기 오염 경감에 앞장서리라고 생각할지 모른다. 그러나 오스트레일리아는 여전히 석탄에 중독되어 있으며, 석탄 연소는 온실가스 배출의 가장 큰 요인이다. 2016년에 오스트레일리아는 세계 석탄 수출 주도국이었다. 같은 해, 오스트레일리아 정부는 인도 아다니 그룹이 오스트레일리아 최대 규모의 탄광을 개설하도록 승인했다. 미화 120억 달러가 투자될 거대한 광산은 60년 동안 조업이 이루어질 예정이며, 이 기간 동안 이산화탄소를 47억 톤 발생시킴으로써 세계 탄소 배출량을 극적으로 증가시킬 것이다. 2017년 6월, 저명한 환경 변화 전문가와 해양학자 들은 탄광이 개설되면 그레이트 배리어리프에 대단히 심각한 영향을 미칠 것이라고 주장하면서, 아다니 그룹의 탄광 개설 제안을 거절하도록 촉구하는 탄원서를 오스트레일리아 총리 맬컴 턴불에게 전달했다. 이외에도 현재 오스트레일리아 수도 캔버라에서는 새로운 광산을 개설하겠다는 무수한 제안이 검토되는 중이다. 이런 제안들이 성공적으로 수락되면 새 광산들은 오스트레일리아의 석탄 수출을 두 배 이상 늘릴 것이다. 현재 오스트레일리아는 대단히 파우스트적인 흥정 사이에서 고심하는 중이다. 광산과 석탄 연소를 통해 단기간에 경제를 성장시킬지, 아니면 화석연료에서 돌아서서 그레이트배리어리프 같은, 세상에서 하나뿐인 보물을 보호할지 말이다.

2008년에 내털리 아이작스는 다음 단계―그리고 대단히 야심 찬 단계―인 저탄소 계획을 앞두고 고심하고 있었다. 저탄소 계획이란 다름 아닌 엄청난 양의 휘발유를 먹어대는 자신의 사륜구동 차를 처분하는 것이었다. 이 차는 내털리가 에너지 효율이 높은 전구로 깨달음을 얻기 두 달 전에 구입한 것이었다. 내털리는 시드니에서 30킬로미터 떨어진 북부 해안 변두리에서 살고 있어 자동차에 크게 의지했고 대중교통을 전혀 이용하지 않았다. "버스로 시내까지 가는 일이 보통 고역이 아니었거든요. 그래서 늘 차를 몰았어요. 내 차와 헤어지기로 마음먹기까지 2년이 걸렸답니다. 그런데 막상 버스를 타보니 그렇게 힘들지 않은 거예요. 전에는 대중교통을 이용하는 건 말도 안 된다고 생각했지만, 지금은 제일 먼저 염두에 두고 있어요."

에너지 절약을 지향하는 새로운 생활 방식에 접어든 지 2년째 되었을 때, 내털리는 더욱 대대적인 방식을 생각하기 시작했다. 내털리는 주택 지구와 상업 지구의 온실가스 배출량 수준에 관해 공부하면서, 온실가스 배출량의 17퍼센트가량은 전 세계 15억 가구의 가정용품이 그 원인이라는 사실을 알게됐다. 가정의 온실가스는 가정과 회사의 난방 및 조리 도구, 전기 소비, 쓰레기 관리, 냉장고에서 새어 나오는 가스에 의해 발생했다. 미국에서만 개인 가정이 전 세계 온실가스 배출량의 4퍼센트, 국가적으로는 전 세계 배출량의 14퍼센트에 책임이 있었다. 내털리가 몹시 사랑하는 옷과 액세서리를 생산하는 어패럴 산업은 석유 다음으로 두 번째로 가장 크게 공해를 유발하는 산업으로, 전 세계 탄소 배출량의 10퍼센트를 차지했다.

사업가로서 내털리는 여성이 영향력 있는 소비자인 동시에 강력한 변화의 주도자가 될 수 있다는 걸 알았다. 내털리는 환경운동에 대해 아무것도 몰랐지만, 머릿속에서 맴도는 한 가지 생각을 도무지 떨칠 수가 없었다. 기후변화와 싸우기 위해 각 가정에서 여성의 힘을 이용할 수 있지 않을까 하는 생각이었다. "나에게 일어난 변화들을 차곡차곡 정리해서 내가 아는 모든 여자들과 공유한다면, 그들도 나처럼 생활 방식을 바꾸려 하지 않을까?" 하지만 변화를 일으키려면 얼마나 많은 여성이 있어야 할까? 천 명? 만 명? 백만 명? 바로 그때 한 가지 생각이 떠올랐다. "저는 바뀐 생활 방식이 돈을 절약하고 공해를 줄이는 데 도움이 된다는 걸 경험했잖아요. 그래서 생각했어요. '와, 가정에서 조금만 더 신경 써서 그렇게 할 수 있다면, 수백만 여성이 그렇게 실천하면 어떻게 될까? 우리가 육류 소비를 50퍼센트만 줄인다면? 전기를 20퍼센트만 덜 쓰면? '물건'을 50퍼센트만 덜 구입하면? 누군가 자발적으로 그렇게 한다면 과연 어떤 변화가 일어날까? 가만, 모든 공동체가 그렇게 실천하면, 즉 전체 인구가 생활 방식을 바꾸면 이건 시스템을 바꾸는 거잖아. 그럼 공해를 줄일 뿐 아니라 각자 자신의 목소리를 내는 데에도 도움이 될 테니, 생활 방식을 변화시키는 식의 실천에 굉장한 힘이 생길 거야.'"

2009년에 내털리는 화장품 사업에서 물러나, 여성들에게 탄소 배출량 감소를 장려하기 위한 온라인 운동, '백만 여성 1 Million Women '을 시작했다. 내털리는 세련된 디자인의 웹사이트를 통해 각 가정에서 탄소 배출량을 감소시키는 데 도움이 되는 간단한 요령을 여성들에게 알려주었다. '백만 여성'의 회원들은 웹사이트에 접속해 매주 에너지 절약을 위해 어떤 노력을 했는지, 예컨대 전기 플러그를 얼마나 자주 뽑았는지, 지역 농산물이나 재활용 제품을 얼마나 자주 구입했는지, 세탁물을 빨랫줄에 널어 건조했는지 등에 대해 단순한 디자인의 '계기판dashboard'에 기록한 다음, 배출한 탄소량을 계량화한 수치를 받았다. 내털리의 메시지와 웹사이트는 특히 소비 지향적인 도시와 교외 지역에서 바쁘게 살아가는 부유한 여성들을 목표 대상으로 삼았다. "개발도상국의 여성과 어린이가 기후변화에 가장 취약하다면, 부유한 나라에 사는 여성들은 그만큼 자신의 생활 방식을 통해 문제 해결을 위해 기여해야 해요." 내털리는 말했다. "생활 방식을 변화시키면 가능한 일이지요."

한동안 내털리는 '백만 여성' 운동을 활발하게 전개하기 위해 고심했다. 자신의 집에서는 쉽사리 성과를 얻었지만, 많은 사람들에게 그것을 전달하려니 여간 어려운 게 아니었다. 오스트레일리아의 대량소비 사회에서 사람들의 행동을 변화시키기 위해 동기를 부여하기란 생각보다 쉽지 않았다. "나에게 일어난 변화들을 차곡차곡 정리해서 내가 아는 모든 여성과 함께 공유하면 모두들 지금까지의 생활 방식을 바꾸고 싶어 할 거라고 생각했어요." 내털리는 말했다. "그런데 제 예상이 완전히 빗나갔지 뭐예요. 6개월만 지나면 100만 여성이 가입할 줄 알았는데, 그러기까지 아주 오랜 시간이 걸렸어요. 행동을 변화시킨다는 게 그만큼 굉장히 힘든 일인 거죠."

내털리가 자신의 메시지를 전달하기 위해 노력하는 반면, 많은 여성들은 가뜩이나 바쁜 생활에 할 일 목록을 하나 더 추가할 수는 없지 않느냐며 불평했다. 전기 요금을 줄이는 것에서부터 전 세계적 운동을 시작하기까지 일사천리로 일을 진행시킨 내털리로서는 그들의 비판을 받아들이기 힘들었다. "모두 저처럼 열정을 가져야 한다고 생각했어요." 내털리가 말했다. "하지만 이제는 알아요. 사람들은 환경 돌보는 걸 부차적 활동으로 여긴다는 걸 말이에요. 환경을 돌보는 건 언제나 우리의 생활 방식과 별개였다는 걸요. 그걸 별개라고 생각하면 당연히 어떻게 환경까지 생각하라는 거냐며 의아해할 수밖에요."

내털리는 '백만 여성' 회원들이 가장 다루기 힘들어하는 생활 방식을 한 가지씩 천천히 다루면서, 이러한 필요들에 맞추어 웹사이트를 조정하기 시작했다. "'백만 여성'이 염두에 두는 점이 바로 이거예요. 우리는 완벽하지 않다는 것 말이에요. 이 운동은 우리에게 죄책감을 느끼게 하려는 게 아닙니다. 이 운동의 목적은 서로를 북돋워 다 함께 운동을 전개하고 다 함께 최선을 다해 노력하려는 것이에요. 기후변화의 영향 때문에 마냥 절망에 빠져서는 안 되잖아요. 일단 시작해서 한 가지를 실천하고 그 힘으로 또 다른 일을 실천하다 보면 어느새 그와 같은 생활 방식으로 살고 있을 거예요."

많은 '백만 여성' 회원들처럼 나도 한 번에 하나씩 나 자신의 탄소 발자국을 줄이려 애쓰고 있다. 비행기를 이용한 이동은 기후정의 과제를 성공적으로 이끌기 위해 매우 중요하지만, 이 수단이 엄청난 양의 탄소를 배출한다는 사실을 알게 됐다. 그뿐만 아니라 나는 사무실과 가정에서 상당히 많은 양의 종이를 사용한다. 또 막내아들 오브리처럼 엄격한 채식주의자는 아니지만 채식주의자가 되기 위해 조금씩 애쓰고 있으며 지금은 예전보다 고기를 덜 먹는다. 그리고 지금은 회의가 잡히면 사람들을 직접 만나기보다 화상 회의로 참석할 수 있는지 가늠해 본다. 내가 이끄는 재단은 비행기로 출장을 갈 때 내가 소비한 온실가스 배출량을 측정해 매년 기후변화와 관련된 기관에 자선기금을 보낸다. 그런 식으로 배출량을 상쇄하여 나의 탄소 발자국을 경감하려는 것이다.

내털리 아이작스와 수십만 '백만 여성' 회원들과 마찬가지로 나도 생활 속에서 점차 배우고 있다. 우리 각자가 탄소 발자국을 줄이기 위한 여정을 시작한다면 우리는 변화를 향한 진정한 능력을 지닌 전 세계적 운동에 동참할 수 있다. 거대한 기후변화 문제에 부딪혔을 때, 두 손 들고 포기하며 패배를 인정하는 건 쉽다. 그러나 각자 자율적으로 권한을 행사하다 보면 자신감을 갖게 된다. "아무것도 하지 않는 게 훨씬 쉽지요. 하지만 기후변화 문제에 관해서는 그런 태도를 극복해야 합니다." 내털리는 말했다. "무슨 일이든 그냥 꾸준히 하세요. '백만 여성'에서 우리는 여성들에게 결과를 분명하게 확인할 수 있는 아주 작은 실천을 하도록 권합니다. 어떤 실천을 하든 상관없어요. 한 가지 일을 실천해서 결과를 확인하고 나면 그 일을 계기로 다른 일을 실천하게 될 거예요."

2017년 중반 현재, 내털리의 운동은 크게 성장해 소수의 남성 회원을 포함해 전 세계 60만 명이 넘는 회원을 보유하고 있으며 지금도 꾸준히 성장하고 있다. 요즘은 많은 회원들이 스마트폰으로 '백만 여성' 웹사이트에 접속하고 있어, 내털리는 각각의 회원뿐 아니라 전 세계 회원 전체가 얼마나 효율적으로 탄소 배출량을 감소시키는지 추적할 수 있는 휴대전화 어플리케이션을 만들고 있다. 이제 회원들은 손가락으로 터치만 하면 '백만 여성' 커뮤니티가 전 세계 어느 지역에서 어느 때에 얼마나 많은 양의 공해를 줄이고 있는지 한눈에 확인할 수 있을 것이다. '백만 여성'이 감소시킨 탄소 오염을 통화, 즉 착한 탄소 펀드a goodwill carbon fund로 만들어 개발도상국 여성들에게 돌려주는 계획도 준비하고 있다. "우리 각자의 일상적인 행동이 이 지구에서 지금 당장 기후변화의 영향을 실감하는 우리 자매들을 지지한다는 것을 강조하고 싶습니다." 내털리는 말했다.

기후정의에 관한 여정을 처음 시작했을 때 내털리는 무엇보다 자신의 네 아이와 손자를 떠올리며 힘을 낼 수 있었다. 그러나 산불은 계속해서 오스트레일리아 전역에 맹위를 떨치고 정부는 계속해서 석탄에 의존하는 상황이기에, 내털리는 장기적인 비전을 수정했다. "우리 아이들의 아이들 세대까지 갈 것도 없어요. 당장 우리에게 닥친 문제예요. 지금 당장 온갖 일을 겪고 있잖아요. 여러 나라가 가라앉고 있는데, 어느 나라도 이 문제를 충분히 심각하게 여기지 않아요." 내털리가 각자의 삶의 방식을 통해―그들이 사용하는 모든 돈, 그들이 선택하는 모든 생활 방식을 통해―기후변화에 영향을 미칠 수 있도록 전 세계 여성들에게 권한을 부여하는 전 지구적 운동을 지속적으로 전개하려는 이유도 그래서다. 우리가 하루하루 어떻게 생활하는지는 중요하며, 한 번에 하나씩 행하는 작은 실천이 수백 개로 불어난다면 시스템을 바꿀 수 있다.

"저는 영원한 낙천주의자예요. 우리가 기후변화와 경쟁할 시간이 많지 않다는 걸 알지만, 인류는 이 문제에 잘 대처할 수 있습니다." 내털리는 말했다. "우리 100만 명이 하나씩 작은 일을 실천하면 세상을 바꿀 수 있어요. 생활의 변화는 아무런 정책이 필요하지 않아요. 우리는 그저 계속해서 싸우기만 하면 되죠. 말 그대로 한 번에 한 사람씩만 행동하면 변화가 일어날 수 있어요."

9장

누구도 뒤처지지 않도록

CLIMATE
JUSTICE

2013년 4월 하순, 캐나다 동부 뉴브런즈윅 지방의 광산에서
는 감청색 작업복에 안전모를 착용한 한 무리의 남자들이 마
지막으로 상자 모양의 승강기에 타고 땅속 깊숙이 내려갔다.
이들 가운데 켄 스미스Ken Smith는 브런즈윅 광산에서 30년
을 보내는 동안 다이아몬드 시추에서 광부들을 실어 나르는
일, 중장비 정비에 이르기까지 다양한 분야의 직업을 거쳤다.
1961년생으로 반백의 머리에 미소가 따뜻한 켄은 겨우 열아
홉 살에 처음 이곳에 와 지하 광산에서 납과 아연과 구리를
캐기 시작했다. 브런즈윅은 약 50년 동안 수익성이 가장 높
은 세계 최대 금속 광산 중 하나로, 지역 주민 7000명 이상을
고용하여 배서스트 지역사회를 지탱해 왔다.[1] 그러나 폐광이
임박한 지금, 스미스와 동료 광부들 1500명은 실직과 그들 앞
에 떡하니 아가리를 벌리고 있는 불안한 미래가 걱정되었다.

켄 스미스는 노조 간부로서 경영진 회의에 참석해 온 터
라, 브런즈윅 광산의 폐광 가능성을 수년 전부터 알고 있었다.
그런가 하면 세계 아연광 시장이 폭락하자 2006년 엑스트라
타Xstrata 사의 아연 광산(엑스트라타 사는 스위스와 영국에 본사
를 둔 최대 다국적 광산 기업이었으나 2013년 글렌코어 사에 합병되
었다. 브런즈윅에 아연 광산을 두었다―옮긴이)은 2000년대 말쯤

광산을 폐쇄할 가능성이 있다고 발표했다. 노조 대표인 켄은 폐광을 막거나 연기하기 위해 가능한 모든 수단을 동원해야 한다는 걸 알았다. 켄과 노조는 즉시 엑스트라타 경영진과 계약 연장을 두고 협상했고, 2009년에 재논의를 거쳐 광부들과 그 가족들을 위해 계약 기간을 5년 더 연장하기로 합의했다. 그러나 켄은 인근의 자매 광산이 폐광하는 과정을 지켜보면서 브런즈윅 광산에 불길한 조짐이 일고 있음을 직감했다. 켄은 희망을 잃지 않으려 애쓰는 동시에 암담한 현실에 주의를 기울였다. 그리고 폐광에 대비하는 한편 '이직'이라는 차선책을 수립하여 땅 밑에서 직장 생활을 해온 광부들이 새로운 직종에서 일자리를 얻을 수 있도록 도왔다. "2009년에 우리는 직장을 계속 열어두기 위해 애쓰는 동시에 직원들의 이직을 위해 최선을 다했습니다." 켄은 말했다. "양면적인 접근이었지요. 최악에 대비하되, 최악의 상황이 발생하지 않으면 다행이지만 혹시 그런 상황이 발생해서 폐광된다 해도 적어도 우리는 대비가 되어 있을 테니까요."

협상에서 켄과 동료들은 우선 폐광에 초점을 맞추어, 이직 계획을 세우고 이직 센터를 운영하기 위해 정부와 회사에 수십만 달러의 자금을 요청하는 등 타협을 시도했다. 해직 위기에 처한 노동자들을 지원하고 광부들이 새로운 기술을 훈련받을 수 있도록 도와 배서스트 지역에서 새 일자리를 찾도록 하기 위해서였다. 마침내 켄은 이 자금으로 브런즈윅 광부들의 기술을 몹시 필요로 하는 인근 100여 군데 회사와 함께 채용 박람회를 열었다. 평생 브런즈윅에서 일했거나 재교육을 받지 못한 광부들을 위해 노조는 이력서 작성법과 전문적인 훈련을 지원했다. 켄과 동료 노조원들은 캐나다에서 사용할 수 있는 광산 무역 인증서가 없었기 때문에, 강력한 국제 노조의 후원으로 정부 각계각층에 로비를 펼쳤다. 그리고 그들의 노력이 열매를 맺어 광산 노동자들의 기술과 능력을 인정하고 증명할 국가 프로그램이 만들어졌다. "굉장한 승리였습니다." 켄은 말했다. "우리의 기술이 인정받고 기록될 수 있었고, 그리하여 캐나다의 다른 회사들에 고용될 가능성이 생겼습니다."

폐광이 초읽기에 들어섰을 때, 켄과 동료 노조원들은 곧 실직할 광부들의 피해를 줄이기 위해 최선을 다한 데 만족했다. 노조는 만일의 사태에 완벽하게 대비했다고 믿었고, 심지어 정신적 지지가 필요한 사람들을 위해 지역의 정신건강 서비스를 제공하기도 했다. "심리치료사들이 광산에 와서 광부들을 상담해 주었습니다." 켄이 회상한다. "한 심리치료사는 제게 그러더군요. 광산이 문을 닫으면 제 인생에서 이 시절을 그리워하게 될 거라고요. 광부로서의 제 삶은 제 과거 모습의 일부였다고 말입니다." 켄은 과장이라고 생각하며 심리치료사의 의견에 반대했다. 광산에서의 삶 말고도 아주 많은 것들이 자신의 정체성을 둘러싸고 있다고 생각했기 때문이다.

하지만 2013년 4월 30일, 브런즈윅 광산의 광석 매장층이 바닥을 드러내고 급기야 용광로 굴뚝이 침묵에 잠기자, 켄은 브런즈윅을 잃는다는 것이 자신과 지역사회에 어떤 의미가 있을지 과소평가했음을 즉시 알아차렸다. 한 사람의 광부도 뒤처지지 않도록 최선을 다해 노력했지만, 배서스트에서 새로운 일자리와 경제적 기회를 마련할 수 있으리라는 켄의 희망은 결코 실현되지 않았다. 오히려 도시의 실업률이 급등했고 광산 주변의 번창하던 소기업들이 무너졌다. "배서스트는 이제 유령 도시가 됐습니다." 켄은 말했다. "5년 전만 해도 저녁에 차를 타고 중심가를 지나가면 온 도시가 북적거렸어요. 그런데 이젠 거리에서 차를 보기가 힘듭니다. 저는 광부들에게 새 일자리를 찾아주기 위해 회사들을 끌어오고 이직 센터를 운영하면서 우리가 아주 잘하고 있다고 생각했습니다. 하지만 우리는 결국 퍼즐 가운데 재정적인 부분을 놓치고 말았어요."

폐광 후 며칠이 지났을 때, 켄 스미스와 그의 아내는 30년 넘게 살던 집을 떠나기 위해 이삿짐을 꾸려 서쪽으로 향하는 대탈출에 합류했고, 오일 샌드oil sand(원유를 함유한 모래나 암석―옮긴이)가 펼쳐진 앨버타 북부의 신도시 포트맥머리까지 약 5000킬로미터를 차로 달렸다. 켄은 운이 좋게도 중장비 정비공 일자리를 얻어 배서스트에서 받던 월급의 두 배를 받게 되었다. 그러나 자신이 아는 유일한 도시와 고향을 떠나는 것은 한 지역의 광산에서 평생을 일구어온 남자에게 감당하기 벅찬 일일 수밖에 없었다. "그 심리치료사가 옳았어요. 제가 틀렸지요." 켄은 말했다. "브런즈윅 광산이 폐광되었을 때 내 정체성의 큰 조각이 떨어져 나갔다는 걸 깨달았습니다."

텔레비전을 켜거나 조명 스위치를 올리거나 휴대전화를 충전할 때, 많은 나라에서는 거의 어김없이 석탄이나 가스 혹은 석유를 원료로 하는 화력 발전으로 만들어낸 전기를 이용한다. 그러나 우리의 변덕스러운 날씨와 기후 패턴이 증명하듯, 전기를 공급하기 위해 화석연료에 의존하는 것은 매우 위험해 더는 지속되기가 불가능하다. 총 온실가스 배출량의 75퍼센트가 화석연료를 태울 때, 그리고 화석연료를 추출하는 동안 메탄이 방출될 때 만들어진다. 우리가 기후를 안정시키려면, 그래서 우리의 지구를 구하려면 화석연료 의존도를 극적으로 줄이고 대신 재생 에너지원―풍력, 태양, 소규모 수력 발전, 지열, 저공해 바이오 에너지―에 대한 투자를 크게 확대해야 할 것이다. 그리고 이러한 투자는 전 세계에 무수한 새로운 일자리와 기회를 창출할 것이다. 재생 에너지 산업은 이미 미국인을 75만 명 이상 고용했으며,[2] 태양과 풍력 산업 분야의 고용률은 그 밖의 미국 경제 분야의 고용률보다 열두 배 빠르게 성장하고 있다. 전 세계적으로 약 1000만 명의 인구가 재생 에너지 분야에 고용되었으며, 그들 가운데 절반 이상이 아시아에 거주한다.[3] 2017년 1월, 미국 오바마 행정부 에너지부에서 발표한 보고서에 따르면,[4] 2016년 미국의 태양 에너지 산업은 석탄 산업보다 고용률이 더 높고, 풍력 산업은 10만 개가 넘는 일자리를 제공했다. 2014년에 발표된 자료에 따르면, 그해 미국의 석탄 산업은 약 7만 7000명을 고용했 으며 이 수치는 그 뒤로 점차 감소하고 있다. 유럽 전역에서 는 이미 재생 에너지 산업의 일자리가 석탄 산업의 일자리보 다 수적으로 우세하다. 오늘날 미국 태양열 발전 분야의 고용 률은 석유·석탄·가스 발전 분야의 고용률을 모두 합한 것보 다 높다. 2017년 국제재생에너지기구International Renewable Energy Agency의 연구 보고서[5]는, 재생 에너지와 에너지 효율 분야에 투자할 경우 2050년이면 전 세계의 국내총생산GDP이 약 1퍼 센트 증가할 것으로 예측했다. 즉, 수백만 개의 일자리 창출 은 물론이고 19조 달러의 경기 부양 효과가 예상된다. 이것 은 명백한 사실이다. 재생 에너지 혁명은 이미 진행되고 있으 며, 경제적으로 효율적일 뿐 아니라 잠재적으로 더 포괄적이 다. 그러나 보다 청정한 에너지로 전환할 때, 우리는 전 세계 수백만 화석연료 노동자들을 기억해야 한다. 그들은 지금까 지 우리의 경제를 부양해 온 연료를 채취하면서 평생을 살아 온 사람들이다. 그들 역시 기후변화의 희생자로서 존엄하게 대우받아야 마땅하다. 그들의 이야기는 기후정의를 위한 투쟁의 일부다. 에너지 집약적인 산업, 즉 철강, 쇠, 알루미늄, 발전發電, 도로 수송 분야에서 일하는 노동자들 역시 탄소가 감축되거나 제거되면 영향을 받을 것이다. 청정 에너지로의 전환은 새로운 직업과 경제적 기회를 열어주겠지만, 그럼에도 마침내 화석연료 산업이 서서히 멈출 때 모든 실직자를 받아줄 수는 없을 것이다. 우리는 애팔래치아, 와이오밍과 몬태나의 파우더강 유역 등 미국 탄광 지역에서 이미 이 같은 추세를 보았다. 시장이 변하고, 값싼 천연가스가 넘쳐나고, 기후변화에 따른 새로운 규제로 석탄이 덜 사용되는 과정을 말이다. 2016년 11월, 미국 대통령 선거에서 도널드 트럼프를 지지한 많은 유권자 가운데에는 웨스트버지니아주와 와이오밍주의 죽어가는 석탄 산지 출신 노동자들이 포함되었다. 그들은 오바마 대통령의 "석탄과의 전쟁"과 재생 에너지 추진 정책을 감지하고 좌초된 기분이 들었고, 그리하여 석탄을 선거 운동의 중심에 놓은 후보자에게 현혹되어 그들의 경제적 근심을 투표함 안에 토로했다. 그것은 그들이 종사해 온 산업이 점차 암울한 미래로 다가가자 쓸모없는 존재로 전락하지 않으려는 필사적인 몸부림이었다.

청정 에너지로 바뀌는 과정에서 화석연료와 관련된 노동자나 지역이 뒤처지지 않게 하는 것이 '저스트 트랜지션 Just Transition (공정한 이직)' 운동의 목표다. 이 운동은 사람을 우선하는 접근 방법으로, 노동자들은 임금과 고용보험, 소득 보조금을 지원받을 뿐 아니라 화석연료 분야에서 청정 에너지 및 기타 분야로 이직할 때 의료 서비스를 이용할 수 있어야 한다고 주장한다. 결정적으로 이 운동은 광산업에 의해 명맥을 이어온 배서스트, 뉴브런즈윅 같은 지역사회를 돌보는 것을 의미한다. 저스트 트랜지션은 작고한 미국의 노동조합 간부, 토니 마조치 Tony Mazzocchi가 주도한 운동으로, 핵무기 폐지 운동이 한창이던 1970년대에 시작되었다. 당시 미국의 석유·화학·원자력 노동조합 지도자였던 마조치는 군비를 축소하면 원자력 노동자들의 대량 실업이 발생하리라는 걸 깨달았다. 2차 세계대전 이후 미국 경제를 대단히 성공적으로 안정화시킨 제대군인원호법 GI Bill(제대한 군인에게 대학 교육 자금이나 주택 자금을 지원하는 정책—옮긴이)의 수혜자인 마조치는 원자력 노동자들이 핵 산업에서 쉽게 이직할 수 있도록 정부가 지원해야 한다고 주장했다. 그로부터 수십 년 뒤, 지구온난화의 원인이 화석연료 배출 때문이라는 사실이 분명해지자, 마조치는 환경 보호 정책에 의해 일자리를 잃은 노동자들을 위해 '수퍼펀드 superfund(공해 방지 사업을 위한 대형 자금—옮긴이)'를 요청하면서, "한 종류의 경제 분야에서, 즉 한 종류의 직업에서 다른 분야로 이직하는 사람에게 임금을 지불하는 것을 굳이 복지라고 할 수는 없다"라고 주장했다. 마조치는 세계 경제를 지탱하기 위해 기여한 화석연료 노동자들은 "새로운 삶을 시작하기 위해 지원받을" 자격이 있다고 말했다.

뿔뿔이 흩어진 화석연료 노동자들이 새 직장을 찾도록 돕는 일은 이제 샤란 버로Sharan Burrow의 임무다. 샤란 버로는 국제 노동조합연합International Trade Union Confederation, ITUC의 사무총장으로, 무탄소 세상으로 나아가기 위해 국제적인 운동인 저스트 트랜지션을 이끌고 있다. 존경스러울 정도로 허세와 가식이 없는 샤란은 독일 수상이 되었든, 그녀의 조국 오스트레일리아 출신의 광부가 되었든 똑같이 편안하게 대한다. 또한 자신의 결정이 국제노동조합연합에 속하는 전 세계 1억 8100만 노동자들 가운데 수천만 평범한 사람들의 삶에 영향을 미치리라는 사실을 깊이 자각하고 있다.

국제노동조합연합을 구성하는 대다수 노동자들과 마찬가지로 샤란은 블루칼라 가정에서 성장했다. 가족 중에 대학에 입학한 여성은 샤란이 처음이었다. 샤란은 뉴사우스웨일스의 어느 지방에 있는 중등학교에서 역사 및 영어 교사로 경력을 시작했다. 4대째 내려오는 자랑스러운 노동조합 가족의 한 사람으로서—샤란의 고조할아버지는 1890년대에 오스트레일리아 양털 깎기 노동자 파업으로 대단히 유명했다—샤란은 당연히 자신이 거주하는 지역의 노동조합 지부에 가입했다. 베트남전쟁과 인종 차별 반대 투쟁이 한창이던 시기에 학교와 노동조합 회의 사이를 오가던 샤란은 액티비즘activism(사회적·정치적 변화를 일으키기 위해 의도적으로 어떤 행동을 하는 원리—옮긴이)의 사명에 저항하기 힘들었다. "당시엔 미처 깨닫지 못했지만, 그 몇 년 동안 저는 비록 우리의 투쟁이 한 지역 안에 국한될지라도 그 틀은, 다시 말해 인권과 정의를 위한 정책 구조는 국제적으로 적용된다는 것을 깨달았습니다. 저는 현재 저스트 트랜지션에 대한 임무에서도 동일한 원칙을 적용합니다."

샤란은 학생들을 가르치는 데 한평생을 바치기로 계획했지만, 1986년에 뉴사우스웨일스 교사조합으로부터 잠시 교실을 떠나 구호 활동 조직을 도와달라는 요청을 받았다. 얼마 후 다시 교직으로 돌아왔지만, 이 단기간의 일을 계기로 곧 자신이 속한 주의 교사조합 부회장이 되었고, 1992년에는 오스트레일리아 교직원노동조합 회장을, 2000년에는 오스트레일리아 노동조합협의회의 회장이 되었다. 샤란은 매번 새로운 단계의 조직으로 올라설 때마다, 교실에서 교사로 일하던 시절에 습득한 사회정의 원칙을 적용했다. 언젠가 샤란은 이렇게 말했다. "교직은 나에게 겸손을 가르쳤고, 우리가 사는 세상의 불평등을 경험하게 해주었습니다."

요즘 샤란은 전 세계를 종횡무진 다니며 노동조합과 노동자들이 저스트 트랜지션 국제 운동을 주도할 수 있도록, 그리고 화석연료 산업이 점차 감소하는 만큼 그들의 목소리를 하나로 통합할 수 있도록 각국 정부에 촉구한다. 샤란은 저스트 트랜지션과 기후정의 둘 다를 위해 기후 행동에 접근할 필요가 있음을 각 사업체에 납득시키기 위해 애써 왔다. 샤란과 나는 '비팀$_{\text{B Team}}$'[6]이라는 실업가 모임의 명예 회원이다. 2015년 1월, 스위스의 다보스에서 열린 세계경제포럼$_{\text{World Economic}}$ $_{\text{Forum}}$에서 비팀 회원들은 2050년까지 자신들의 기업 및 관련 사업에서 온실가스 배출 제로를 목표로 하겠다고 약속했다. 현재 비팀은 2020년까지 파괴적인 영향을 일으키는 탄소 배출의 판도를 바꾸기 위해 크리스티아나 피게레스와 함께 그녀의 '미션 2020$_{\text{Mission 2020}}$'[7]을 후원하고 있다.

샤란은 결코 중심을 잃는 법이 없다. "우리에게 공정한 이직이란 시기 선택, 산업 협상, 거대 산업이 반드시 이행해야 할 변화 계획 등에 모든 분야의 노동조합과 노동자가 참여하는 것을 의미합니다." 샤란은 말한다. "매우 취약한 지역에는 계획이 필요해요. 탄광, 석탄을 연료로 하는 발전소, 화석연료 생산, 제조업이 문을 닫고 있는 지역에서 말이지요." 샤란이 가리키는 지역은 사우스오스트레일리아주의 소도시, 포트오거스타다. 이곳의 석탄 발전소 노동자들은 지금까지 사막지역의 자금줄이 되어온 석탄화력 발전소가 2016년에 폐쇄될 때를 대비하여 그 이후의 미래를 주도적으로 계획했다. 발전소의 폐쇄가 유예되자 지역 시민들, 의회, 사업체, 석탄 발전소 노동자들과 노동조합은 폐쇄되기 5년 전부터 함께 모여 머리를 맞대고 계획을 세웠다. 그리하여 조기 폐쇄를 한다 해도 폐기된 석탄 발전소를 태양열 발전소로 대체하면 1800개 일자리가 창출되고 온실가스 배출량을 500만 톤 감축할 수 있으리라는 최종안이 제출되었다. 이 계획[8]은 청정 에너지 기반을 위해서도, 폐쇄된 석탄화력 발전소 노동자들에게 무난한 기술 이전을 보장하기 위해서도 태양열 발전소가 최선이라고 주장하는 연구를 바탕으로 이루어졌다. 2017년 8월, 캔버라와 주 정부가 이런 종류로는 세계 최대 발전소가 될 태양열 발전소를 승인했을 때, 지역 주민들과 노동자 연합회는 승리를 외쳤다. 이제 2018년이면 150메가와트 용량의 발전 시설에서 작업이 개시되고, 2020년에는 에너지를 전력망으로 발송할 준비가 갖춰질 예정이다. 화석연료 산업을 중심으로 세워진 다른 도시들과 마을들이 참사를 겪은 데 반해, 포트오거스타는 지역사회와 그곳의 노동자들과 노동조합이 주도적으로 움직임으로써 참사를 피한 과정을 보여준 모범 사례가 되었다. "심각하게 인구가 줄거나 아예 소멸한 지역사회가 셀 수 없이 많습니다." 샤란은 말했다. "그렇게 되면 노동자들뿐만 아니라 일반 주민들에게도 대단히 파괴적인 영향을 미치기 쉽지요. 우리는 신속히 탄소 제로의 미래를 향해 움직여야 합니다. 문제는 이 일을 정당하게 하느냐 부당하게 하느냐입니다."

브런즈윅 광산이 폐쇄되고 몇 달이 지나자, 자신과 동료들이 그들 방식대로 공정한 이직을 계획한 건 "매우 잘한 일"

이었다는 켄의 자부심도 빠르게 사라졌다. 켄을 비롯한 광산의 해고 노동자들 중 일부는 캐나다 일대의 도시와 채광소에서 임금이 높은 에너지 산업이나 광산 산업의 일자리를 구했지만, 대다수 노동자들은 여전히 뒤에 남겨졌기에 배서스트의 실업률은 크게 치솟았다. 엑스트라타에 기계 장비, 너트, 볼트, 트럭 부품 등을 판매하던 많은 소규모 사업체들은 광산이라는 든든한 배경을 잃고 허둥대다 파산하여 문을 닫았다. "광산은 그 지역의 중심이었습니다." 켄은 말한다. "우리는 이직을 위해 계속해서 뭔가 새로운 시도를 했지만 여전히 역부족이었지요. 우리는 그곳을 떠나는 것이 우리의 많은 형제자매를 위한 선택이 아니었다는 걸 알지 못했어요. 이직이 우리 지역에 얼마나 큰 상처를 입힐지 이해하지 못했던 거죠."

캐나다 북부의 많은 광산촌이 주로 뜨내기 인력에 의존하는 반면, 브런즈윅 광산은 1960년대에 뉴브런즈윅 어업이 쇠퇴한 후 실업자가 된 그 지역 어부들을 고용했다. 3대, 4대째 살아온 지역 주민들은 배서스트와 가족과도 같은 정서적 유대감을 갖고 있어 일부 사람들은 차마 이곳을 떠나지 못했다. "일부 광부들의 경우, 그러니까 돌봐줄 사람이 없는 노부모가 있거나, 장애가 있는 가족이 있거나, 단지 평생을 살아온 곳에 정이 든 사람들은 아무래도 이곳을 떠날 수가 없었습니다." 켄은 말했다. "이제 그들은 직업을 잃어 불안정한 일을 하거나 고용보험에 의지해 근근이 살아가고 있습니다. 그 밖의 사람들은 오로지 사회에서 주는 보조금에 의지해 생활하지요. 이들은 모두 광산업에서 30, 40년씩 일했던 사람들이지만 보다시피 지금은 이런 신세가 되고 말았습니다."

앨버타의 오일 샌드나 북쪽으로 더 멀리 위치한 광산에서 일자리를 찾은 켄과 같은 사람들의 경우, 3교대, 4교대 근무로 지친 상황에서 직장까지 왕복 수천 킬로미터를 이동해야 하는 장거리 통근의 압박 때문에 사생활에 지장이 막대했다. 고향에서 일할 때보다 서너 배 많은 임금을 받는 사람도 간혹 있었지만, 결혼한 많은 가정이 별거의 피로감을 이기지 못하고 무너졌다. 켄은 자신은 운이 좋다고 여긴다. 30년 이상 함께 산 그의 아내가 마지막 순간에 그와 함께 포트맥머리로 떠나기로 결정했기 때문이다. 특별한 돌봄이 필요한, 사랑하는 장애인 자매를 두고 떠나는 것은 그들 부부에게 쉽지 않은 결정이었다. 아내가 함께하지 않았다면 켄은 오일 샌드에 2개월 이상 머물지 않겠다고 단호하게 결심했을 것이다. "저로서는 배서스트를 떠나기가 무척 힘들었습니다. 제 나이가 이제 쉰여섯인데, 지금까지 한 번도 고향을 떠난 적이 없거든요. 믿기지 않겠지만, 우리 같은 나이 많은 남자들도 향수병을 느낀답니다."

처음 느끼는 이질감을 극복하기 위해, 켄은 포트맥머리에서 노동조합을 조직하는 일로 바삐 움직였다. 낮에는 오일 샌드 시설들을 육중하게 움직이는 거대한 덤프트럭을 몰았다.

나머지 시간엔 노동조합 '유니포 로컬 707A Unifor Local 707A'의 대표로서 선코에너지 Suncor Energy 사 오일 샌드 사업 노동자 3500명의 이익을 보호하기 위해 일했다. 2015년 12월, 켄은 노동조합 대표로 파리에서 열리는 유엔 기후정상회의에 참석해 달라는 요청을 받았다. 청중석에 앉아 청정 에너지 산업의 고용 창출을 다루는 공개 토론회를 지켜본 켄은 마음이 편치 않았다. 그를 비롯한 다른 화석연료 산업 노동자들은 마치 기후변화 대책에 반대하는 사람들로, 그와 같은 오일 샌드 노동자들은 대기를 숨 막히게 만드는 온실가스처럼 유해한 사람들로 취급되었기 때문이다. "저는 대단한 환경운동가나 그런 부류의 사람이었던 적은 한 번도 없습니다." 켄이 말했다. "저는 그저 매일 일터에 출근하는 평범한 사람이에요. 하지만 저도 그런 과학 이론은 인정합니다. 전문 지식을 갖춘 사람들이 기후변화는 현실이라고 늘 말하니까요. 제가 어렸을 땐 겨울이 일찍 찾아왔어요. 눈은 더 깊이 쌓여서 지면에 오래 남아 있었지요. 그런데 50년을 사는 동안 기온이 점점 따뜻해졌어요. 저도 그런 사실은 인정합니다."

질의응답 시간에 의견을 말할 수 있다는 걸 알고서 켄은 자리에서 일어나 마이크를 손에 쥐었다. 켄은 자신을 화석연료 산업 노동자라고 소개했다. 실내는 문득 조용해졌고, 켄은 계속해서 말을 이어갔다. 자신이 몸담은 산업에서는 많은 노동자들의 태도가 바뀌었으며, 그들은 기후변화가 현실임을 "알고 있다"라고 말했다. 그리고 그 비결은 자신과 같은 노동자들 그리고 그 가족들이 청정 에너지 부문으로 이직하는 과정에서 뒤로 밀려나지 않도록 하는 것이었다고 덧붙였다. "〔화석연료 노동자들은〕 모두를 위해 화석연료의 종말을 보기를 희망합니다." 켄은 참석한 사람들에게 말했다. "하지만 우리 가족을 위해서는 무엇을 준비해야 할까요? 우리는 어떤 분야로든 이직을 해야 할 겁니다. 우리는 그 산업에 평생을 바쳤지만 그곳을 떠났습니다. 그리고 그 산업이 끝나면 모든 책임을 떠안게 될 것입니다."

켄이 용감하고 솔직하게 발언을 마치자 모두들 자리에서 일어나 박수를 보냈다. 켄은 지금도 그때 일을 생각하면 미소가 지어진다. "12학년까지 공부한 게 전부고 말도 조금 거칩니다. 그래서 누군가 제 의견을 듣고 싶어 하면 늘 신기해요." 한 화석연료 노동자가 자신이 몸담은 산업은 폐쇄되어야 한다고 주장한다는 뉴스가 국제 신문의 헤드라인을 장식하자, 켄은 뜻하지 않게 일약 기후변화의 영웅이 되었다. 그러나 켄은 파리에서 했던 자신의 발언은 그저 상식적인 의견이었을 뿐이라고 생각한다. 또한 자신이 일하는 산업이 문을 닫으면 어떤 일이 일어날지 이미 알고 있는 사람으로서, 나중에 일어날 일에 관한 토론에서 실질적으로 기여할 수 있으리라 생각한다. 켄은 정부와 기후변화 정책을 다루는 상급 기관의 더 많은 사람들이 자신의 목소리를 들어주길 바란다. "광산이 폐쇄되었을 때, 저는 이 직종에서 33년간 경력을 쌓은 광부였습니다. 조합원들을 보살펴야 할 노동조합 대표였고요. 우리 노조의 조합원들은 내 형제자매이고 친구이며 같은 팀 동료이고 학교 친구였어요. 그들은 단순한 직장 동료 이상이었고, '이직'을 원하는 것 이상으로 자신의 직업을 지키길 바랐습니다. 이번에도 저는 선택의 여지가 없는 산업에서 노조위원장이 되었습니다. 생존을 위해 오일 샌드에 의지하는 외딴 지역에서 말이지요. 역시나 우리는 다시 이직에 대해 이야기하지만, 이번에 우리의 대화는 단순한 이직에서 좀 더 나아가 그것이 무엇을 의미하는지 이야기합니다. 우리는 과거를 돌이켜보면서, 우리가 잘한 부분은 무엇이고 우리에게 취약한 부분은 무엇이었는지 생각해 봐야 해요. 우리에게는 이 일을 바로잡을 시간이 있지만, 기회는 단 한 번뿐일 것입니다."

켄이, 샤란 버로가 이 일을 바로잡는다고 한 말은 곧 직장을 잃게 될 분야에 종사하는 노동자들과 정부가 협력해야 한다는 걸 의미한다. 켄은 이직의 두려움이 덜어지는 한 화석연료 노동자들은 변화를 거부하지 않을 거라고 믿는다. 포트맥머리의 동료들은 켄과 마찬가지로 다른 실패한 산업 분야에서 오일 샌드로 넘어온 사람들로, 켄은 그들과 대화를 통해 협의를 이루는 것이 중요하다는 걸 잘 알고 있다. 켄은 말한다. "그들은 모두 실업수당을 받길 원치 않았기에 포트맥머리에 온 사람들입니다. 그들은 더 잘하고 싶었고, 아이들이 기회를 갖길 바랐으며, 가족을 부양하길 바랐습니다. 제가 알기로, 그들은 가족이 보호받으리라고 확신할 수 있다면 변화에 저항하지 않을 겁니다. 이런 식으로 한 사람의 노동자가 파트너가 되는 거지요. 또한 저항보다는 대비가 더 나은 방법입니다. 우리는 밀물이 들어오고 있다는 걸 알고 있어요. 그러니 다음 일자리로 옮기기 위해 스스로 대비해야 합니다."

"켄은 보물이에요." 샤란 버로는 켄 스미스에 대해 이렇게 말한다. 샤란을 비롯한 지도자들이 지칠 줄 모르는 싸움 끝에 파리 기후협약에서 저스트 트랜지션에 대해 언급하는 데 성공했을 때, 샤란이 가장 먼저 떠올린 사람이 바로 켄과 같은 사람이다. 이제 샤란은 전국적 차원과 지역적 차원에서 "공정한 이직을 위한 전략"을 수행하며, 양질의 친환경 일자리를 통한 지속가능한 저탄소 경제와 이익의 일환으로 모든 구성원—노동자, 노동조합, 기업, 지방 정부와 주 정부—이 서로 협력할 수 있게 국가가 장려하도록 힘쓰고 있다. 최근 국제노동조합연합ITUC은 공정한 이직을 위한 전략을 이용하여 탄소 제로를 향해 나아가기 위해, 오슬로와 시드니를 선두로 전 세계의 다양한 도시들, '비팀' 소속 기업을 비롯한 여러 기업과 협력하고 있다. 샤란은 해마다 도시와 기업을 다섯 군데 늘리겠다는 목표를 충족시키길 희망한다. 이것은 분명 거대한 과제지만, 복잡한 특징과 그 범위 측면에서 1948년에서 1951년 사이에 극심하게 약화된 유럽의 경제 회복을 성공적으로 촉발한 사회 계약인 마셜 플랜Marshall Plan과 유사한 이 과제를 달성할 수 있으리라고 샤란은 믿는다.

ITUC의 공정한 이직을 위한 전략이란, 일자리를 원하는 피해 노동자에게는 직장을 찾아주고, 훈련이 필요한 노동자에게는 훈련 기회를 제공하고, 새 일자리에 이직할 수 없는 노동자에게는 의료 서비스와 함께 적절한 생활 보조금을 보장하는 것을 의미한다. 켄은 공정한 이직은 사회 지원금 이상의 혜택을 제공할 것이라고 단호하게 주장한다. 켄은 장기적 전략으로 고용보험 — 캐나다의 실업수당 — 을 제공하는 식의 "뻔한" 대응을 방지하고자 한다. 이런 식의 대응은 브런즈윅 광산이 폐쇄된 후 그가 보아온 방식이다. "고용보험은 결코 장기적 안전망을 위한 대책이 될 수 없었습니다." 켄은 말했다. "그것은 다음 일자리로 향하기 위한 다리 역할을 할 뿐이었지요. 제 생각에 고용보험은 심장 수술에 반창고를 붙이는 것과 같습니다. 그것으로는 출혈을 멈추게 할 수 없어요." 그보다 정부는 일자리가 사라진 지역에 투자를 이끌어내 경제 개발을 활성화해야 한다고 켄과 샤란은 주장한다. "우리는 실제로 정부에 압력을 가해야 해요. 기후변화가 다가오고 있으며, 따라서 자신들의 사업이 축소되리라는 것을 아는 기업들이 다른 일자리 창출에 투자하도록 말이지요. 아주 간단한 일이에요." 켄은 말했다.

켄은 휴가 기간이 길 땐 종종 아내와 함께 배서스트로 돌아와, 아직 그 마을에 살고 있는 딸을 방문하고 아내의 자매를 찾아간다. 어느 땐 고향을 여행하는 동안 슬쩍 집에서 나와 트럭을 몰고 옛 브런즈윅 광산 부지를 향한다. 광산의 구조물인 용광로, 수직 갱도, 절단기, 사무실 건물 들은 오래전에 철거되었지만, 지난날의 브런즈윅 광산은 여전히 풍경 전체에 흉터를 남기고 있다. 광물 찌꺼기들이 잔뜩 쌓인 깊은 연못—광산에서 흘러나오는 물과 폐기물이 침전된 거대한 구덩이—이 풀에 뒤덮인 커다란 언덕 전경에 자리를 차지하고, 땅 밑에서 유독 물질이 쉴 새 없이 콸콸 솟으며 땅을 적시는 바람에 해마다 이 언덕에 약품을 뿌려 독성을 중화한다. 하지만 켄은 이 황량한 풍경을 둘러보며 한창 시절 북적이던 광산을 떠올리면서, 피와 땀, 기름때를 묻혀 가며 남자들과 우정을 쌓던 추억에 젖어 미소를 짓는다. "브런즈윅 광산에서 우리는 사망자와 부상자도 보았고 수차례 파업도 했습니다. 하지만 좋은 시절과 즐거운 순간들을 기억하려 해요. 그곳에 서서 주변을 둘러보노라면 절단기가 있었던 자리, 십자 모양의 측량 표지석이 있던 자리, 좋은 일이 있었던 곳, 나쁜 일이 있었던 곳 등 모든 것이 눈에 선하지요. 이곳에 정말 많은 추억이 담겨 있어요." 요즘 켄은 브런즈윅 광산에서 함께 일하던 옛 친구들을 만나면 자연스럽게 향수에 젖어 옛이야기를 하곤 한다. "그 시절을 놓치기 전까지는 우리가 얼마나 좋은 시

절을 보냈는지 몰랐다고 자주 이야기합니다. 아무도 그때만
큼 편안한 일터를 찾지 못했거든요. 그 시절 우리는 친구들,
가족들과 함께 일했어요. 말하자면 모두가 하나의 대가족이
었던 거지요. 우린 그걸 잃었고, 이젠 이렇게 추억만 할 뿐입
니다."

이제 켄의 새 가족은 포트맥머리에 있는 3500명 선코에너
지 사의 직원들이다. 화석연료에서 다른 에너지로의 필연적
인 변화가 코앞에 다가온 지금, 그들은 자신들의 노조위원장
에게 의지하고 있다. 이제 켄은—샤란 버로와 ITUC의 도움
으로—노동자들의 요구에 중점을 두는 동시에, 나아가 지역
사회를 보호하는 포괄적인 접근 방법에 주력한다. "저는 노
동자를 지키는 사람, 그리고 그 노동자를 보호하는 지역사회
를 지키는 사람이 되고 싶습니다. 3500명 노동자와 그 가족
들이 거리에 나앉도록 내버려 둘 수는 없습니다. 실패는 용납
되지 않아요. 위태로운 일이 너무 많거든요."

10장

파리: 실행을 향한 도전

2015년 12월 12일 오후 7시 16분 정각. 프랑스 외무부 장관 로랑 파비위스Laurent Fabius는 파리 외곽 르부르제 공항 회의실에서 유엔 총회를 상징하는 초록색 의사봉을 손에 쥐고 탁자를 세게 두드렸다. 2주간의 힘겨운 마라톤협상을 끝낸 그 순간, 기후변화가 초래할 최악의 피해를 늦추기 위한 세계 최초의 국제 협상이 맺어졌다. 그 자리에 모인 대표자들, 즉 전 세계 지도자들과 각국의 장관들, 외교관들, 기업가들, 시민사회 대표들은 그 자리에서 벌떡 일어나 열렬히 박수를 보내기 시작했다. 곧이어 환호성이 터졌고 모두가 서로를 포옹했다. 주변을 둘러보니 많은 이들이 눈물을 흘리고 있었다.

시작부터 삐걱거리다 막막하게 끝을 맺는 식의 협상이 20년째 계속된 터라—더구나 코펜하겐에서의 험악한 분위기를 접한 지 겨우 6년이 지난 뒤였기에—한때는 이처럼 성공적인 협상은 도저히 불가능해 보였다. 그러나 이제 파리 기후협약이라는 새롭고 공정한 합의를 통해 부유한 나라와 가난한 나라가 똑같이 보다 안전한 수준으로 온실가스 배출을 제한할 수 있게 되었고, 따라서 화석연료를 바탕으로 한 세계 경제는 역사적 전환을 맞게 되었다. 가난한 나라들은 극심한 기상 이변에 대처하는 한편, 재생 에너지에 의해 움직이는 친

환경적인 경제로 전환하기 위해 10억 달러 이상의 지원이 필요할 터였다. 불과 한 달 전 한밤중에 일어난 테러 공격으로 130명이 사망해 여전히 혼란스러운 도시에서 파리 기후협약은 어둠을 누른 희망의 승리를 보여주었다. 또한 이 협약은 전 세계가 지구온난화가 불러일으키는 대단히 충격적인 영향을 피하기 위해 시도할 수 있는 절호의 기회이기도 했다.

장장 2주간 거의 잠을 설쳐가며 파리 외곽의 가건물에서 보낸 우리는 피로와 기쁨, 자부심으로 가슴이 벅차올랐다. 파리 협약은 뜨거워진 지구가 맞이할 비참한 결과를 피할 수 있는 역사적 전환점일 뿐 아니라, 기후정의 원칙에 대한 대대적인 지지이기도 했다. 그날 밤 내가 어느 기자에게 말했던 것처럼, 이 협약은 모든 면에서 "인류를 위한 합의"였다. 협약의 설계자들은 기후정의의 중요성을 문서로 인정했고, 인권과 성평등을 약속했으며, 각 국가의 진행 상황을 감시하기 위한 틀을 마련하기로 동의했을 뿐 아니라, 부유한 나라들을 설득하여 가난한 나라들의 기후 행동을 위해 재정을 지원하도록 했다. 이 협약은 또한 지구의 기온 상승 수준을 산업혁명 이전 대비 2℃ 이하로 "크게" 제한함으로써, 특정한 요구 사항이 개선되지 않은 채 힘의 정치로 이루어졌던 이제까지의 기후 회의에서, 세계에서 가장 가난한 마흔일곱 개 나라와 함께 아노테 통과 그의 키리바시 국민들의 비참한 처지가 간과되어 왔음을 인정했다. 이제 아노테 통과 마셜 제도 공화국의 외무장관 토니 데 브룸_{Tony De Brum}과 같은 군소 도서 국가의 지도자들은 당당하게 고개를 들고 고국으로 돌아가, 아직은 나라를 지킬 수 있다고 국민들에게 말할 수 있었다. 파리 협약은 21세기 후반까지 온실가스 배출량을 영(제로)으로 제한하기로 동의함으로써 앵두, 콘스탄스, 퍼트리샤의 노력을 인정했다. 이제 이 세 여성은 차드, 우간다, 알래스카로 돌아가, 세계가 화석연료에 의존하기를 멈추고 에너지, 토지 이용, 폐기물 관리를 보다 깨끗하고 지속가능한 형태로 전환하기로 했다는 걸 마을 사람들에게 말할 수 있었다.

12월 12일은 로빈슨 가족의 일정에서 이미 행운의 날이었다. 45년 전 남편 닉과 내가 혼인 서약을 한 날이기 때문이다. 그로부터 33년 뒤 같은 날에 첫 손자 로리가 태어났다. 처음 로리의 눈동자를 가만히 들여다보았을 때 나는 기후변화를 억제하기 위한 싸움이 나의 중심 과제가 되리라는 걸 깨달았다. 그리고 그날 이후로 정확히 12년이 지난 지금, 이 어린 소년과 그의 세대가 더 나은 세상에서 살 기회를 제공할 역사적인 국제 협약을 축하하고 있었다.

◆ ◆ ◆

유엔 기후변화협약의 전 사무총장이자 파리 협약의 주요 설계자인 크리스티아나 피게레스는 액자에 끼운 표어 하나를 자신의 사무실 벽에 걸어둔다. "불가능은 사실이 아니다.

그것은 태도일 뿐이다."크리스티아나는 이 경구에 힘입어 코펜하겐 회담 이후 많은 이들이 실현 불가능하다고 생각해 온 바를 이룰 수 있었으며, 유엔 기후변화협약의 사무총장 직을 맡아 6년간 매우 힘든 시간을 보내는 동안 코펜하겐의 실수를 바탕으로 경험을 쌓아 마침내 모든 나라, 즉 가난한 나라와 부유한 나라 모두에게 도움이 될 합의를 이끌어낼 수 있었다. 파리 협약에 앞서 프랑스의 프랑수아 올랑드 대통령 정권은 선진국만을 대상으로 온실가스 배출 감축을 시행하기로 했던 1997년 교토 의정서가 실패했음을 인식하고, GDP 규모에 관계없이 참가국 모두에게 탄소 배출 방법과 달성 가능한 감축량을 대략적으로 기술한 계획서를 제출하게 했다. 190여 개 국가가 목표를 달성하기로 합의하면서 '국가별 온실가스 감축 기여 방안intended nationally determined contributions, INDCs'이라는 제목의 이 계획서는 역사적인 타개책이 되었다. 참여 국가들에게는 2023년부터 5년마다 모여 각국의 탄소 배출량 감소를 더 강화하기 위한 수정 계획을 발표하고 진행 과정을 보고하도록 요구될 것이다. 요구에 응하지 않아도 불이익을 당하지는 않지만, 무엇보다 지구를 염려하는 마음에서, 부차적으로는 기후변화에 열의가 없는 국가로 전 세계 동료 국가들에게 공개적으로 체면이 깎일 위험 때문에, 가능하면 INDC의 목표를 지키길 희망한다.

2017년 6월 1일, 도널드 트럼프 대통령이 파리 기후협약에서 미국의 탈퇴를 발표했을 때, 모로코 마라케시의 게스트 하우스에서 뜬눈으로 보낸 11월 밤의 두려움이 마침내 현실로 다가왔다. 트럼프 대통령은 백악관 로즈가든의 연단 앞에 서서 파리 협약은 "지나치게 엄격한" 거래라고 맹렬히 비난했고, 미국은 이 협약에서 탈퇴할 때 비로소 완전한 주권을 회복할 수 있을 것이라고 주장했다. 나는 이 모습을 아일랜드의 내 집 텔레비전으로 지켜보았다. 미국이 중국 다음으로 세계에서 두 번째로 큰 공해 유발 국가인 만큼 파리 협약의 성공에 대단히 중요하다는 것을 나는 잘 알았다. INDC 서약만으로는 2030년까지 감축할 수 있는 탄소 배출량이 전 세계 배출량의 5분의 1을 조금 넘는 수준이니 말이다. 게다가 녹색기후기금Green Climate Fund을 비롯하여 그 밖의 기후 관련 자금을 조달하겠다는 약속을 미국이 이행하지 못할 경우, 개발도상국의 에너지를 재생가능 에너지로 전환하기가 훨씬 어려워질 터였다. 단지 화석연료를 바탕으로 한 단기 이익을 위해 자국과 해외의 인구에 대한 책임을 내던지고, 전 세계 인구와 지구의 이익을 위해 190여 명의 세계 지도자가 수십 년에 걸쳐 성사시킨 협약을 포기하는 것은 비양심적인 태도다. 그러나 두 가지 반응이 분명해지면서, 미국이 파리 협약에서 탈퇴할 경우 협약의 힘이 약화될지 모른다는 나의 두려움은 현실이 되지 않았다. 먼저, 나머지 모든 국가가 각국의 기후 관련 약속을 두 배 강화하기로 계획했다. 트럼프가 발표를 마친

지 몇 분 뒤, 프랑스, 독일, 이탈리아의 지도자들이 이 협약은 "되돌릴 수 없으며" 그들 나라는 협약을 계속 준수하겠다는 공동 성명을 발표했다. 그다음 날, 주요 신문 사설과 소셜미디어 뉴스에서는 이 결정에 대해 전 세계가 한목소리로 외치는 반대 의견과 비판을 실었다. 중국에 이어 러시아, 인도, 유럽연합의 모든 국가들까지, 세계 지도자들이 잇따라 파리 협약의 약속을 다시 분명히 해야 한다고 요구했다. 파리의 텔레비전 연설 방송에서는 최근 당선된 에마뉘엘 마크롱 대통령이 미국의 기후 과학자들에게 프랑스에서 연구를 계속해 달라고 요청했고, "우리 지구를 다시 건강하게 만들겠다"라고 약속했다. 독일의 앙겔라 메르켈 총리는 트럼프의 행동을 비난하면서 그의 행동이 "지구를 보호할 의무감을 느끼는 우리 모두를 단념시키지는 못할 것"이라고 말했다.

미국에서는 캘리포니아 주지사 제리 브라운과 전 뉴욕 시장 마이클 블룸버그의 주도하에 도시와 주와 기업이 협력하여 탄소 배출량을 낮추고 유엔 기후변화협약과 별도로 각 주와 도시가 독자적으로 계획을 세워 추진하기로 약속했다. "우리는 미국이 계속해서 협약을 지킬 경우에 이행하게 될 모든 사항을 이행할 것입니다." 블룸버그는 이렇게 말했다. 주말이 되자 메시지는 분명해졌다. 이 일은 당파적 미사여구가 들어설 여지가 없는 위기 상황이며, 세계는 — 미국 정부의 참여 여부와 관계없이 — 기후변화와 맞붙어 싸우며 앞으로 나아가리라는 것이었다. 2017년 늦은 여름, 크리스티아나 피게레스의 말처럼, 파리 협약에서 탈퇴하겠다는 트럼프의 결정은 오히려 전 세계를 결집시켜 기후 운동만으로는 좀처럼 달성할 수 없던 파리 협약에 대한 지지를 크게 끌어올렸다. "저는 벌써 트럼프 대통령에게 감사 편지를 쓰기 시작했답니다." 크리스티아나는 냉소적으로 말했다.

◆ ◆ ◆

화석연료의 연소로 인한 전 세계 이산화탄소 배출량은 몇십 년 동안 지속적으로 증가하다가 지난 3년 사이에 일정한 수준을 유지하고 있다. 더 고무적인 사실은 전 세계 경제가 호전되어 주요 선진국 및 개발도상국의 GDP가 증가하는 동안에도 이산화탄소 배출량은 고르게 유지되었다는 점이다.[1] 이것은 희망적인 소식으로서, 기후 완화를 향한 우리의 노력이 성과를 보이기 시작한다는 유망한 지표다. 그러나 이 같은 긍정적 징후와 전례 없는 전 세계적 노력에도 불구하고 온난화는 산업혁명 이전 수준 대비 2℃ 이하로 한참 내려가야 하고, 키리바시를 비롯해 전 세계 해안 지대의 취약한 환경에서 거주하는 수백만 인구의 생명을 구하는 과제는 여전히 계속되어야 한다. 과학자들은 파리 협약에서 INDC에 의해 설정한 목표를 모든 나라가 달성한다 해도 지구의 온도는 여전히 2.7℃ 이상 상승할 것으로 예측한다.

우리는 어려운 진실을 마주하고 있다. 파리 협약이 전례 없이 성공하는 동안에도 이 협약의 실천 기반은 여전히 취약하다. 기후변화를 다루기 위한—그리고 기후정의를 고취하기 위한—운동은 이제 시급히 그리고 확고하게 새로운 단계로 건너가야 한다. 우리 모두, 즉 강력한 정부와 작은 정부, 부유한 도시와 가난한 도시, 지역사회, 기업가, 개인 모두는 책임을 져야 한다. 우리 모두 이 기회를 이용해야 한다. 지구를 향한 위협이 대단히 심각할지 모르지만 잠재적 가능성 또한 역사에 남을 만큼 중요하므로, 지금이야말로 실존적 위협을 멈출 기회, 빈곤과 불평등을 물리칠 기회, 뒤처지고 방치된 이들에게 권한을 부여할 기회다.

기후변화와 싸우려는 몸부림이 빈곤, 불평등, 사회적 배제와의 싸움과 불가분의 관계임을 인식해야만 이 새로운 단계에서 대담하게 행동을 밀고 나갈 때 비로소 성공할 수 있을 것이다. 이 관계를 가장 먼저 염두에 둔다면, 우리는 더 효과적이고 보다 지속적인 해결 방법을 찾을 수 있을 것이다. 지속가능한 에너지와 토지 사용을 기반으로 한 경제 성장은 기후변화의 영향에 가장 취약한 사람들의 삶을 보호하고, 더 많은 지역사회를 가난으로부터 벗어나게 할 최상의 기회를 제공할 것이다. 그렇게 해서 소외되고 배제된 이들이 목소리를 낼 수 있다면, 공적이냐 사적이냐에 관계없이 우리의 정책과 프로젝트는 기후변화와 불평등의 근본 원인을 해결할 수 있을 것이다. 또한 기후변화의 최전방에 있는 개인의 사례를 따라가다 보면, 변화를 일으킬 수 있다는 믿음 가운데 회복과 희망이라는 한 가닥 빛을 찾을 수 있을 것이다. 가령 콘스탄스 오콜레트는 표토表土의 침식을 막고 홍수를 예방하기 위해 우간다 동부 마을에 망고나무, 아보카도나무, 오렌지나무를 심었다. 내털리 아이작스는 자신의 식탁에서 해오던 운동을 전 세계 가정으로 확대했고, 지구의 탄소 발자국에 커다란 영향을 미칠 작은 방법들을 실천함으로써 생활에 변화를 일으키도록 여성들에게 영감을 주었다. 어쩌다 활동가가 된 샤론 핸쇼는 스스로 목소리를 내어 가뜩이나 소외된 그녀의 마을이 허리케인 카트리나 이후 불평등을 겪고 있음을 강조했다.

내 아버지는 가정의였는데, 아일랜드 전역의 농촌에 전기가 들어오면서 아버지의 삶이 바뀌었다고 나는 종종 생각한다. 간단히 스위치만 켜면 일상 업무를 볼 수 있는 혁명에 대해 이야기할 때 경외감에 찬 아버지의 목소리가 지금도 생생하게 기억난다. 전구 덕분에 아버지는 촛불 옆에서 아기를 받거나 부러진 뼈를 치료하지 않아도 되었다. 전기식 펌프는 환자의 가정에 곧바로 신선한 물을 제공했고, 흐릿하고 위험한 석유램프를 전구가 대신했으며, 농촌 산업은 발전했고, 라디오는 전국의 시골 가정에 뉴스와 오락을 전해 주어 농촌의 사회적 고립을 막아주었다. 그러나 토머스 에디슨이 전구를 발명하던 당시 전 세계에 존재했던 사람들 수만큼 많은 전 세계의 무수한 사람들이 오늘날에도 전기 없이 살고 있다는 사실은 냉엄한 현실이 아닐 수 없다. 안심하고 전기에 접근하지 못하면 의사들은 일몰 후에 진료를 할 수가 없다. 개발도상국의 환자들은 엑스선이나 초음파, 인큐베이터의 혜택을 받지 못한다. 백신과 약품을 저장할 수도 없고, 의사들이 다른 의료 서비스 전문가들과 의견을 교환할 수도 없다. 약 30억 인구가 여전히 유독 물질이 가득한 환경에서 음식을 요리하며 살고 있다. 그들은 요리를 하기 위해 오염 수준이 높은 고체 연료─나무, 석탄, 가축 분뇨, 농작물 폐기물─에 의지하는데, 이런 연료에서 나오는 매연에 의해 주로 아프리카와 아시아의 여성과 아동이 매년 400만 명 이상 사망하고,[2] 수백만 명 이상이 병에 걸린다.

전기를 공급받지 못하는 개발도상국 인구 13억 명에게 전기를 공급하는 일은 여전히 지구상에서 가장 큰 도전 가운데 하나로 남아 있다. 에너지 없이는 발전이 불가능하지만, 우리는 파리 협약에서 정한 목표에 따라 깨끗하고 저렴하며 지속 가능한 전기를 생산해야 한다. 재생 에너지로 해결책을 주도하는 개발도상국의 고무적인 사례들은 이미 존재한다. 이산화탄소 배출량이 세계에서 세 번째로 많은 인도는 2억 4000만 명이 여전히 전기를 제대로 이용하지 못하고 있다. 인도 정부는 국가 전력망을 신속히 확대하기 위해 석탄을 사용할 수도 있지만 태양열 발전의 세계적인 선도자가 되어 2030년까지 전 국민에게 전기를 제공하기 위해 전념하고 있다. 여기에는 2022년까지 풍력 발전과 태양열 발전으로 160기가와트를 생산하겠다는 야심 찬 목표도 포함되어 있다. 인도 정부는 세계은행으로부터 10억 달러를 지원받아,[3] 전국의 주택 옥상에 태양열 패널(집열판)을 설치하여 에너지를 생산함으로써 어린이들은 밤에도 공부할 수 있고 각 가정에서는 음식을 냉장고에 보관하며 요리할 수 있을 것이다.

인도의 가장 서쪽에 자리한 구자라트주에서는 각 가정의 지붕에 설치된 태양열 패널을 이용하여 여성들이 깨끗한 연료로 음식을 요리하고 휴대전화의 전력을 공급받는다. '모두를 위한 지속가능한 에너지 Sustainable Energy for All'의 최고 책임자이자 유엔 사무총장 특별대리인 레이첼 카이트 Rachel Kyte는 태양열과 청정 전력을 이용하는 이 새로운 시대에 사람을 전신주, 구리선, 값싼 석탄을 이용해 송전망에 연결시키는 전통적인 방식을 이젠 적용할 수 없다고 말한다. "개발도상국 국민들에게 더 싸고 빠르고 쉽게 에너지를 제공하는 방법은 송전망을 사용하지 않는 재생가능 에너지 시스템을 이용하는 것"이라고 레이첼은 말한다. 일단 마을에 전력이 공급되면 깨끗하게 요리할 수 있으며, 더 나은 의료 서비스도 이용할 수 있을 테고, 학교에 전구를 설치하면 아이들은 더 오랜 시간 공부할 수 있을 것이다.

전 세계 빈민가에 거주하는 10만 여 명의 인구에게 수도,

위생 시설, 전력을 공급하는 일을 하는 실라 파텔Sheela Patel의 목표는 기본적인 통신 서비스를 이용하지 못하는 개인들에게 이런 서비스를 이용할 수 있게 하는 것이다. 실라는 '빈민가/판자촌 거주자 국제연맹Slum/Shack Dwellers International, SDI'의장으로, 이 단체는 전 세계 33개국의 수백 개 도시와 마을에서 도시 빈민이 거주하는 지역사회를 중심으로 이루어진 조직망이다. 빈민가와 임시 거주지의 조악한 건물을 고려할 때, 이 지역들은 극심한 기상 악화로 가장 큰 피해를 입기 쉽고 기후 회복력 측면에서 특히 위급한 상황에 직면해 있다. SDI는 이런 지역사회들이 기후변화라는 불가피한 맹공격에 더 효율적으로 대비할 수 있도록 2014년에 '자기 도시 알기 캠페인Know Your City Campaign'을 시작하여 도시 빈민 거주지의 단면도를 그리고 지도를 만드는 한편, 자료를 바탕으로 도시를 개선하고 기후 위험을 관리했다. 빈민가 거주자들은 이러한 자료와 지도를 이용해 마을을 물리적으로 재배치함으로써 마을의 "구획을 다시 나눈" 뒤, 전기와 위생 시설 도입을 고려하여 새 길과 공공 공간을 만들고 각 거주지에 주소를 부여했다. 지금까지 SDI는 약 500개 도시와 7000여 군데 빈민가의 지도를 제작했다. 또한 동, 서, 남아프리카 전역의 여덟 개 지역을 가로지르는 스물한 개 에너지 서비스 허브를 도입하도록 도와, 현재 빈민가의 1만 5000세대가 태양열 발전을 이용하고 있다. SDI 네트워크를 통해 소속 국가들은 깨끗한 물 공급을 약

18만 5000세대까지 확대하고 22만 이상의 세대에 화장실을 지어주었다. 레이철과 실라는 라이베리아의 수도 몬로비아의 빈민가 거주자들이 그들 지역을 재배치하도록 돕거나, 인도 구자라트의 마을 여자들이 지붕에 태양열 패널을 설치하도록 도와, 개발도상국에서 기후변화에 대비해 많은 해결책을 찾을 수 있다는 걸 보여준다. 국제사회가 자주 약속했지만 좀처럼 이행되지 않은 규모로 개발도상국 국민들이 더 많은 재정을 지원받고 더 성공적으로 기술에 접근한다면, 우리모두에게 이익이 될 것이다. 이것은 원조나 자선이 아니다. 기후변화를 해결하기 위한 싸움에서 가질 수 있는 현명한 이기주의다.

◆ ◆ ◆

2017년 4월, 과학자와 기업가, 기후 활동가 들로 이루어진 한 그룹은 2020년이 지구온난화의 형세를 혁신적으로 바꿀 기회라고 주장하는 획기적인 보고서를 발표했다. 이 보고서는 2020년 이후에도 탄소 배출량이 여전히 증가하거나 심지어 현 수준을 유지한다면, 파리 협약에 명시된 목표 기온에 도달할 수 없다고 경고했다. 크리스티아나 피게레스는 이 2020년을 최종 기한으로 받아들이고 '미션 2020'이라는 새로운 계획을 세워, 2020년까지 온실가스 배출량 곡선을 아래로 향하게하는 것을 목표로 삼았다. 이것만이 우리에게 남은 유일한 기회일지 모른다. 크리스티아나는 2020년까지 배출량을 급격히 감소시키기 위한 즉각적인 실천 계획이 파리 협약에 포함되지 않았음을 인정하며 이렇게 말했다. "파리 협약에는 절박함이 포함되어 있지 않습니다. 21세기 후반까지 탄소를 완벽하게 제거하자는 장기적인 목표를 세우긴 했지만, 그 당시로 돌아간다면 기후변화의 전환점을 2020년으로 해야 할 겁니다." 그러나 다행히도 2020년까지 온실가스 배출량이 감소하기 시작한다면, 여전히 파리 협약에서 설정한 목표 기온에 도달할 수 있을 것이라고 크리스티아나는 믿는다.

크리스티아나는 최고의 두뇌들과 머리를 맞대어 기업가, 투자자, 정책 입안자 들이 여섯 가지 분야—에너지, 운송, 사회 기반 시설, 토지 이용, 산업, 재정—에서 지킬 수 있는 대담하면서도 성취가능한 지침을 고안했다. 이 지침은 시장이 재생가능 에너지 확대로 인한 충격을 완화할 수 있도록 보장하는 한편, 100퍼센트 재생가능한 전력 생산을 달성하자는 계획을 포함하여 이미 실행 중인 기후 해결 방법들을 소개한다.[4] 크리스티아나는 자신의 나라 코스타리카가 2015년에 오로지 재생가능 에너지로만 전력을 99퍼센트 공급했다고 언급한다. 중앙아메리카의 이 작은 나라는 현재 수력, 풍력, 바이오매스biomass(바이오 에너지로 재생할 수 있는 곡물, 식물, 폐목재, 해조류, 동물의 분뇨, 음식물 쓰레기 등의 자원—옮긴이), 태양열을 비롯한 재생가능 원료의 혼합물을 이용하고 있으며, 2021년까지 완벽한 탄소 중립carbon neutral(배출한 만큼의 이산화탄소를 다시 흡수해 실질적인 배출량을 제로로 만드는 것. 탄소 제로carbon zero 라고도 한다―옮긴이)을 이루길 희망한다. "상상해 보십시오. 자그마한 우리나라가 재생 에너지로 전력을 공급해 세계 기록을 보유한다는 걸 말이에요!" 크리스티아나는 말했다. "이는 다른 나라들도 그 뒤를 이을 수 있는 매우 인상적인 궤적입니다." 코스타리카보다 훨씬 남쪽에 있는 우루과이는 풍력과 태양열에 집중적으로 투자해 왔으며, 현재는 전기 공급의 95퍼센트를 재생 자원에서 얻고 있다.

'미션 2020' 계획은, 지금은 비록 화석연료를 소비하고 있지만 재생 에너지 의존도를 높이는 데 힘을 실어주며 온 힘을 기울이고 있는 강대국들을 겨냥한다. 세계 최대의 온실가스 배출량을 기록한 중국은 태양열, 풍력, 기타 재생가능한 원료에서 세계 선두를 굳히며 재생가능 에너지의 초강대국으로 향하고 있다. 중국은 여전히 석탄 산업에 크게 투자하고 있지만, 2016년에는 중국의 한 해 평균 태양열 용량보다 두 배 이상 많은, 34기가와트가 넘는 태양열 용량을 추가했다.[5] 또한 이미 전 세계 태양열 패널의 3분의 2와 전 세계 풍력 발전용 터빈의 절반가량을 생산하고 있다. 중국 정부는 현행 5개년 계획하에 2020년에 자그마치 750기가와트의 재생가능 에너지 사용을 목표로 하는데,[6] 이 수치는 경제협력개발기구OECD 국가들의 수치를 모두 합한 것보다 많다. 세계에서 세 번째로 온실가스 배출량이 많은 인도는 최근 파리 협약의 목표를 수정하여, 명시한 목표보다 3년 이른 2027년까지 전기의 60퍼센트를 재생가능 에너지를 이용하여 공급하기로 약속했다. 이런 추세라면 2050년이면 태양열 발전만으로 전 세계 전기 수요의 약 30퍼센트를 공급할 수 있다.[7] 2017년 8월에는 앨 고어의 영화 〈불편한 진실 속편An Inconvenient Sequel〉이 개봉되었고 그가 이 영화를 강력하게 옹호함으로써 재생 에너지와 환경친화성 문제에 활기를 더해 주었다. 그러나 나는 화석연료에 등을 돌리고 재생 에너지로 전환하고 있는, 기후변화의 최전방에 있는 개발도상국 국민들의 이야기에서 가장 크게 영감을 얻는다. 에티오피아는 현재 인구의 3분의 2가 전기를 이용하지 못하는데도 2025년까지 대규모 온실가스 배출 감소를 이루어내고 재생 에너지에 투자하기로 약속했다.[8] 피지는 언젠가 키리바시 국민들에게 거주지를 제공할지 모르며, 2030년까지 완전히 재생 에너지에만 의지하기로 약속했다. 2017년에는 피지의 에너지 공급량 절반 이상이 수력 발전을 기반으로 이루어졌고 해마다 20퍼센트 이상씩 증가하고 있다. 인구의 절반만 전기를 이용하는 케냐는 지열 발전을 활용함으로써 전기 수입 비용을 51퍼센트 감축했다. 케냐는 또한 2030년까지 풍력 및 지열 발전을 기반으로 한 재생 에너지를 통해 전기의 70퍼센트 이상을 공급할 계획이다.[9] 2015년에는 세계 재생 에너지 투자 금액의 절반 이상인 2860만 달러가 개발도상

국이나 신흥 국가의 에너지 사업을 위해 사용되었다.[10]

도시와 주는 수송 및 사회 기반 시설에 관한 정책을 통해 파리 협약의 포부를 충족시키도록 도움을 줌으로써 파리 협약의 목표를 달성하는 데 매우 중요한 역할을 한다. 이처럼 하위 지역들을 이용한 접근 방식은 파리 협약이 체결되기 이전에 프랑스의 기후변화 대사를 지낸 로랑스 튀비아나Laurence Tubiana에게 강력한 지지를 받았다. 2016년 11월, 마라케시에서 열린 유엔 기후회의에서 튀비아나와 고위층 기후 대변자인 하키마 엘 하이트Hakima El Haite는 장기간 온실가스 배출량 감축을 위한 발전 전략을 지원하기 위해 '2050 온실가스 배출 경로 플랫폼 2050 Pathways Platform'을 출범시켰다. 캘리포니아 주지사 제리 브라운은 기후변화와 관련해 미국에서 실질적인 역할을 하는 지도자들 가운데 한 사람이 되었으며, 미국 전역의 열두 개 주와 160개 도시는 워싱턴의 지지와 관계없이 미국이 파리 협약에 헌신하도록 돕기로 약속했다. 그리고 주와 지역 단위 수준에서 온실가스 배출을 감축하기 위해 공공사업, 가전 제품의 효율에 관한 규정, 연료 마일리지 표준 등을 기준으로 한 재생 에너지 관련 지시 사항을 통해 많이 애쓴 결과, 이 같은 미국의 지역 연합은 의미 있는 영향을 미칠 수 있었다. 캘리포니아는 주목할 만한 기후 사례 연구로서, 이미 다양한 해결 방법을 이용하여 탄소 배출량 감소와 빠른 경제 신장이 동시에 이루어질 수 있음을 보여주고 있다. 2006년에

캘리포니아주가 선도적으로 제정한 기후법에서는 2020년까지 온실가스 배출량을 1990년 수준으로 감축하기로 약속했고, 현재 이 목표 달성이 순조롭게 이루어지고 있다.[11]

'C40 도시 기후 리더십 그룹 C40 Cities Climate Leadership Group'은 기후변화와의 싸움에 집중하기 위해 뉴욕, 런던, 파리, 시드니, 서울을 포함한 전 세계 90개 도시로 이루어진 네트워크인데, 파리 협약에 맞추어 탄소 감축 계획을 조정하기 위한 전략인 '데드라인 2020 Deadline 2020'을 채택했다. 또한 전 세계 도시와 주는 2050년까지 건물과 사회 기반 시설에서 탄소를 완전히 제거하기 위한 시행 계획에 착수했다.[12]

프랑스의 대통령도 기후변화와 싸우기 위해 하위 지역 단위별 실천의 주된 지지자가 되었다. 2017년 12월 12일, 파리협약 2주년에 나는 에마뉘엘 마크롱 대통령이 소집하는 '원플래닛 서밋 One Planet Summit'에 참석해 달라는 요청을 받았다. 회담 하루 전날 오후, 마크롱 대통령은 나와 코피 아난 Kofi Annan, 그로 브룬틀란 Gro Brundtland, 라흐다르 브라히미 Lakhdar Brahimi, 반기문 등이 소속된 '엘더스 the Elders'[13] 회원들을 엘리제궁에 초대했다. 우리는 중동, 난민 문제, 북한, 미얀마 등 다양한 문제를 논의했다. 마크롱 대통령은 파리 협약 이후 2년이 지났지만 지구의 평균 기온 상승 폭을 산업혁명 이전 대비 2℃ 이하로 유지하고 나아가 기온 상승을 1.5℃ 이하로 제한하자는 목표에서 충분히 진전을 이루지 못했다고 유감을 표하면서—모두가 공감하는 바였다—'원 플래닛 서밋'을 주최한 이유를 개략적으로 설명했다.[14] 마크롱 대통령은 주와 정부의 대표들, 주지사들, 시장들, 기업가들, 자선 단체와 시민사회 대표들에게 의욕을 크게 고취하기로 다짐하겠다는 조건하에 회담에 참석해 달라고 요청했으며, 회담에서는 공동 행동을 위한 주요 연합체 열두 개가 발표되었다. 마크롱 대통령은 확실하게 책임을 이행하기 위해 2018년 12월에 열릴 제2차 회담에서 약속이 제대로 이행되었는지 평가하겠다고 엘더스에게 공표했다. 탁자를 사이에 두고 마크롱 대통령의 이야기를 듣다가 나는 문득 어떤 생각 하나가 떠올랐다. 현 프랑스 대통령이 나의 두 아이들보다 젊다는 사실을 말이다!

나는 비즈니스 리더십의 모범인 '비팀'이라는 모임과 가까운 관계를 맺고 있다. 이 모임에는 버진 그룹Virgin Group의 리처드 브랜슨 경Sir Richard Branson과 자이츠 재단Zeitz Foundation의 요헨 자이츠Jochen Zeitz를 비롯해 전 세계 기업가들이 점점 더 많이 참여한다. 비팀 회원들은 이익 추구와 더불어 사람과 지구를 우선하는 새로운 사업 방식—사업을 위한 "플랜 비(두 번째 안)"—을 만들어가기 위해 헌신한다. 또한 새로운 도전들을 기꺼이 받아들여, 가령 2015년 1월 세계경제포럼의 번외 모임에서 2050년까지 온실가스 배출량을 제로에 이르게 하겠다고 선언했다. 이는 매우 의욕 넘치는 목표로, 어떤 기업도 이처럼 대담한 약속을 하지 못한 상태였다. 비팀은 기후 과학자들의 이야기를 경청하고 서로 의견을 주고받은 후에 이 같은 목표를 채택했으며, 파리 협약을 앞두고 협약을 지지하는 방법의 일환으로 이 목표를 추진하기로 했다. 이 기업들이 공정한 이직과 인권 존중을 통해 노동자를 보호하는 한편, 온실가스 배출량 제로를 향해 나아가고 있음을 본보기로 보여줄 수 있다면, 재계에 강한 영향을 미칠 수 있을 것이다.

2020년까지 온실가스 배출량을 제로로 만들자는 목표에 도달하려면, 비팀의 전례를 따르는 기업이 더 늘어야 한다. 또한 기업의 실천과 자금의 투자에서 대대적인 변화가 이루어져야 한다. 미미한 수준의 기업의 사회적 책임이나 환경 보호 정책으로는 충분하지 않다. 지구의 온도 상승을 1.5℃ 이하로 유지하려면 공급망, 에너지 사용, 물품 조달, 심지어 마케팅에 이르기까지 근본적인 변화가 이루어져야 할 것이다. 우리는 성공 사례를 통해 힘을 얻고 있으며, 따라서 이런 사례들을 공유하는 것이 매우 중요하다. 온실가스 배출량 감축 목표를 달성하는 나라들, 심지어 목표를 초과하는 나라들, 지방 정부들, 기업들을 널리 알린다면 후발 주자들을 고무시키고 기대치를 높이는 데 도움이 될 것이다. 그뿐만 아니라 프란치스코 교황처럼 도덕적 권위를 지닌 인물의 목소리도 널리 확대되어야 할 것이다. 그는 환경운동에 관한 포괄적 선언문인 '찬미 받으소서 Laudato si'에서 위태로울 정도로 파괴된 지구에 인간이 일으킨 참화를 통탄한다. 이 회칙에서 프란치스코 교황은 기후정의라는 용어를 그대로 사용하면서, 물을 이용하는 것은 "기본적이고 보편적인 인간의 권리"라고 밝히고, "일부 부유한 나라들의 지나친 소비로 온난화가 발생했고, 그 결과 세계에서 가장 가난한 지역들이 영향을 받고 있다. 특히 아프리카는 기온 상승뿐 아니라 가뭄에도 시달리고 있어 농사에 굉장한 타격을 입고 있다는 사실이 증명되어 왔다"라고 비판한다. 이어서 프란치스코 교황은 지구를 구하는 것으로는 충분치 않으며, 지구를 파괴하는 소비에 대한 집착도 함께 줄여야 한다고 주장한다.

우리가 힘을 합하면 큰일을 해낼 수 있다는 것을 역사는 되풀이해 보여주었다. 불평등과 고통에도 불구하고 오늘날 우리가 사는 세상은 여러 면에서 과거보다 훨씬 좋아졌다. 집단적 활동은 1970년에서 2005년 사이에 전 세계 문맹률을 절반으로 낮추었다. 전 세계 기대수명은 1950년 48세에서 점차 늘어나 현재 71세 이상이 되었다. 전 세계 유아 사망률은 지난 25년 동안 절반으로 감소했다. 이는 우리가 시도하는 모든 일의 중심에 사람을 놓을 때, 발전적이고 실존주의적인 거대한 도전들을 성공적으로 해결할 수 있다는 증거다.

◆◆◆

나는 2050년의 세계는 어떤 모습이 될지 자주 생각한다. 그때가 되면 내 손자들 여섯 명이 30대, 40대가 되어 90억

이상의 인구와 지구를 공유할 것이다. 그들은 어떤 방식으로 충분한 음식과 물을 먹고 마시며, 의료, 교육 및 전반적인 복지를 이용하면서 사회적으로 화합하며 살게 될까? 우리는 함께 살기 위해 다른 방법이 필요하고, 지금 바로 그것을 실행해야 한다. 그러려면 지금부터 인류의 연대라는 씨앗을 뿌리기 시작해 전 세계적으로 연민의 마음을 키워야 한다. 기후 변화의 실존적 위협은 우리에게 그 어느 때보다 서로 연대하고자 하는 마음, 서로에게 의지하는 마음을 회복시켰다. 가령 2017년 미국 대서양 연안에서 발생한 강력한 허리케인 세 개가 멕시코만 연안, 플로리다, 푸에르토리코 전역의 부유한 동네와 가난한 동네를 똑같이 파괴했을 때처럼 말이다. 어떤 나라도 단독으로 해결할 수 없으며, 정치인들에게만 맡기기에는 대단히 중요한 사안이다. 동시에 각국의 정부는 기후변화 활동에 헌신하며 관련된 모든 활동이 효율적이고, 인권을 보호하며, 포괄적이고, 성 인지 감수성을 갖출 수 있도록 확실하게 의욕을 고취해야 한다.

그들의 이야기를 전해야겠다고 나에게 영감을 불어넣은 이들에게서 나는 우리의 가족, 우리의 지역사회, 우리의 생태계에 우리 한 사람, 한 사람이 책임을 져야 한다는 것을 배웠다. 동시에 우리는 기후 문제에 책임이 적은데도 더 많이 고통을 겪는 사람들에게 공감하고 그들을 지지해야 한다. 그들은 위기를 극복해 가는 동안 여러 가지 난관을 겪고 있지만, 그런 상황에서도 우리에게 길을 안내하고 있다. 파리 협약의 목표를 실행하기 위한 책임 역시 좀 더 하위 단계에서 이행되어야 한다. 지금은 그 책임을 국가-주 단위에서 지역, 도시, 기업으로 이동해 함께 나누고 있다. 앞으로는 가정과 지역사회에서 책임을 자각해야 한다. 우리들 각자는 보다 지속가능한 삶을 위해 개개인이 이 책임을 자각할 수 있다. 그뿐만 아니라 각 가정이 책임을 자각하고 그 책임을 지역사회 단위로 확장하기 위해 노력할 수 있다. 그리하여 모든 학교와 대학, 직장은 보다 친환경적인 생활을 위해 저마다 책임을 실천하게 될 것이다. 우리가 기후변화에 가장 책임이 적은데도 가장 크게 영향을 받는 사람들에게 의식적으로 공감하면서 책임을 진다면, 개발도상국들은 온실가스를 배출하지 않고도 발전을 이룰 테고, 나아가 더 공정하고 더 평등하며 보다 인간 중심적이고 보다 기후정의를 실천하는 세상을 이루기 위해 필요한 결속력을 다질 수 있을 것이다.

이런 순간들이면 나는 노벨평화상 수상자이며 환경론자이자 인권운동가인 왕가리 마타이 Wangari Maathai가 떠오른다. 왕가리는 지역적인 문제와 세계적인 문제의 상호 연결성을 인식하는 데에, 그리고 그 해결 방법을 찾기 위해 풀뿌리 공동체, 특히 여성들의 협력을 구하는 데 탁월한 능력이 있었다. 우간다의 콘스탄스처럼 왕가리는 국민 한 사람이 나무 한 그루씩만 심는다면 그녀의 조국 케냐의 삼림 파괴와 토양 침식사태가 역전될 수 있으리라는 걸 알았기에, 케냐 정부와 케냐에서 막강한 영향력을 자랑하는 벌목꾼들의 비웃음과 위협에도 불구하고 자신의 주장을 끈기 있게 밀고 나갔다. 1977년에 왕가리가 케냐에서 발족한 단체인 '그린벨트운동Green Belt Movement'은 현재 5100만 그루가 넘는 나무를 심었다. 2011년 사망하기 전, 왕가리는 이런 말을 남겼다. "인류는 역사의 과정을 지나는 동안 새로운 의식 수준으로 전환하라는 요청을, 한층 높은 도덕적 기반에 이르라는 요청을 받는 시기가 올 것입니다."

우리는 그 시기에 다다랐다. 그러니 이제 더 높은 곳을 향해야 한다.

감사의 말 ⟶ ◯

이 책은 우연히 시작되었다. 2016년 1월, 닉과 내가 뉴욕에 머무를 때 우리는 나의 회고록 《우리는 모두 중요하다Everybody Matters》의 출판 에이전트인 린 프랭클린과 그 책의 미국판 편집자인 블룸즈버리 출판사의 조지 깁슨에게 린의 은퇴를 축하하기 위해 우리가 묵는 호텔에서 한잔하자고 청했다. 대화를 나누던 중에 조지가 기후정의를 위해 설립한 내 재단 일은 잘 되어가는지 물었다. 나는 기후변화의 현실을 사람들에게 이해시킬 유일한 방법은 기후변화의 영향을 받는 사람들의 이야기, 다시 말해 그들의 용기와 그들의 회복력을 전하는 것뿐이라고 털어놓았다. 그러자 조지가 한 가지 과제를 제안했다. "선생님이 기후정의에 관한 책을 한 권 쓰시면 정말 좋겠습니다. 선생님이 쓰시면 제가 편집하고 블룸즈버리에서 출판하면 되잖아요." 그러자 린이 거들었다. "그렇다면 저는 다른 모든 일에서는 손을 떼도 이 책은 계속 제 담당인 겁니다!" 이 뜻밖의 상황에 우리는 모두 크게 소리 내어 웃었지만, 그 바탕에는 분명 진지함이 깔려 있었다.

회고록을 쓸 땐 딸 테사가 도와주었는데 이제는 변호사로 복직한 상태여서 이번 작업에는 테사의 도움을 받을 수 없었다. 그러나 다행히 린이 아름다운 회고록 《내 어머니와의 관계 An Affair with My Mother》를 막 출판한 케이트리오나 팔머를 만나보라고 제안했다. 린에게 어떤 직감이 있었던 모양인지, 케이트리오나와 나는 처음부터 아주 잘 맞았고 일이 진행될수록 우리의 우정은 깊어졌다. 이 책은 우리 모두가 진심으로 좋아서 하는 일이 되었다. 우리에게는 인간이 야기한 기후변화의 위기를 회복해야 하는 임무가 있다. 그리고 그것은 기후정의라는 관점에서 수행되어야 한다.

여기에 소개된 이야기들은 이 책의 핵심이자 의미인 만큼, 우리가 정확하게 이해할 수 있도록 개인적인 이야기를 제공한 한 사람, 한 사람에게 케이트리오나와 나는 큰 빚을 진 셈이다. 콘스탄스 오콜레트, 샤론 핸쇼, 퍼트리샤 코크런, 앵두우마루 이브라힘, 야니 스테판슨, 부티히앤, 아노테 통, 내털리 아이작스, 켄 스미스, 샤란 버로 그리고 크리스티아나 피게레스에게 감사한다.

모든 이야기가 완전하게 소개되지는 않았지만 인터뷰에 응해 주어 책을 완성하도록 도와준 사람들, 애그니스 레이나, 케시 젯닐-키지너, 틸미자 후세인, 파 우스만, 레이철 카이트, 실라 파텔에게도 감사한다.

이야기를 선별하고 책의 전체적인 균형을 위해 조언해 준 친구들에게도 감사한다. 특히 셀린 클라크와 브라이드 로즈니는 최종 원고에 소중한 의견을 더해 주었다. 이야기들이 기후 과학에 충실한지 여부가 중요했기에, 그 부분과 관련해 조언과 수정을 아끼지 않은, 더블린 트리니티 칼리지의 식물학 교수이자 우리 재단의 임원인 제니퍼 맥엘웨인에게 깊이 감사한다. 또한 워싱턴 D.C.에 거주하는 케이트리오나와 더블린에 근거지를 두고 기후정의 문제에 관한 홍보 및 연구를 위해 여러 지역을 다니는 내가 다양한 원고 내용을 공유할 수 있도록 뛰어난 실력으로 인내심을 갖고 타이핑한 바버라 스위트먼에게 감사와 존경의 마음을 전하고 싶다. 케이트리오나가 그레이스 공비 아일랜드 도서관에 여러 주 동안 체류할 수 있도록 자금을 수여한 모나코의 아일랜드 투자신탁기구에도 감사 인사를 남겨야겠다.

케이트리오나와 나, 두 사람 모두 조지 깁슨의 현명한 조언과 꼼꼼한 편집을 대단히 소중하게 여겼으며, 그가 블룸즈버리를 떠난 후에도 계속해서 이 책의 편집을 맡기로 했을 때 우리는 정말 고마웠다. 나는 블룸즈버리를 처음부터 줄곧 신뢰했으며, 블룸즈버리가 《기후정의: 지속가능한 미래를 향한 희망, 회복력, 그리고 투쟁》을 펴내는 세계적인 출판사라는 사실이 무척 기쁘다.

블룸즈버리 USA의 부사장이며 편집 감독인 낸시 밀러, 수

석 편집자 벤 하이먼, 그리고 블룸즈버리 UK의 편집장 알렉산드라 프링글, 경영 책임자 에마 홉킨은 특별히 언급할 가치가 있다.

이 책의 모든 오류는 전적으로 나에게 책임이 있으며, 모든 진행 과정을 함께한 두 사람에게 가장 진심 어린 감사를 전하며 마치고자 한다. 케이트리오나 팔머와 함께 작업할 수 있어서 기뻤다. 대단한 공감 능력과 깊은 이해심으로 내가 이야기를 전할 수 있게 도와준 놀라운 솜씨는 감탄스러울 정도다. 초롱초롱한 눈빛으로 빨간 펜을 쥐고 교정을 봐준 내 남편이자 나의 훌륭한 협력자, 닉에게도 많은 도움을 받았다. 그가 보내는 개인적인 지지는 말할 수 없이 소중했다.

주

서문

1. The Mary Robinson Foundation – Climate Justice(메리 로빈슨 기후정의 재단), www.mrfcj.org.

| 1장 | 기후정의란 무엇인가

1. Brian Kahn, "This Graphic Puts Global Warming in Full Perspective(이 그래프는 지구온난화에 대해 전체적인 관점에서 제시한다)," Climate Central, April 19, 2017, www.climatecentral.org/news/628-months-since-the-world-had-cool-month-21365.

2. David Wallace-Wells, "The Uninhabitable Earth(사람이 거주할 수 없는 지구)," *New York*, July 9, 2017, nymag.com/daily/intelligencer/2017/07/climate-change-earth-too-hot-for-humans.html.

| 2장 | 경험에서 배우다

1. 엘니뇨 현상을 겪은 해였다.

2. Karla D. Maass Wolfenson, "Coping with the Food and Agriculture Challenge: Smallholders' Agenda(식량과 농업 문제에 대한 대처 방안: 소작농의 행동 지침)," Natural Resources Management and Environment Department, Food and Agriculture Organization of the United Nations, prepared April 2013, revised July 2013, www.fao.org/file admin/templates/nr/sustainability_pathways/docs/Coping_with_food_and_agriculture_challenge__Smallholder_s_agenda_Final.pdf.

| 3장 | 어쩌다 활동가가 되어

1. Reilly Morse, "Environmental Justice Through the Eye of Hurricane

Katrina(허리케인 카트리나의 눈을 통해 바라본 기후정의)," *Focus*, May/June 2008, 7-9.

2. Ibid.

3. Rachel Morello-Frosch, Manuel Pastor, James Sadd, and Seth B. Shonkoff, "The Climate Gap: Inequalities in How Climate Change Hurts Americans & How to Close the Gap(기후 격차: 기후변화가 미국인에게 가하는 피해의 불평등과 그 격차를 좁히는 방법)," dornsife.usc.edu/assets/sites/242/docs/The_Climate_Gap_Full_Report_FINAL.pdf.

4. Leslie Eaton, "In Mississippi, Poor Lag in Hurricane Aid(미시시피주, 빈곤층에 대한 허리케인 지원 지연)," *New York Times*, November 16, 2007, www.nytimes.com/2007/11/16us/16mississippi.html.

| 4장 | 사라진 언어, 사라진 땅

1. April M. Melvin et al, "Climate Change Damages to Alaska Public Infrastructure and the Economics of Proactive Adaptation(기후변화가 알래스카 공공 기반 시설에 입힌 피해와 예방적 적응의 경제적 평가)," *Proceedings of the National Academy of Sciences of the United States of America* 114, no. 2 (2016): E122-E131, www.pnas.org/content/114/2/E122. abstract.

2. Arnoldo Valle-Levinson et al., "Spatial and Temporal Variability of Sea Level Rise Hot Spots over the Eastern United States(미국 동부 전역의 더운 지역에서 시공간에 따른 해수면 상승 변동성)," *Geophysical Research Letters* 44, no. 15 (August 2017): 7876-82, onlinelibrary.wiley.com/doi/10.1002/2017GL073926/abstract.

| 6장 | 평등을 향한 작은 발걸음

1. Mike Ives, "In War-Scarred Landscape, Vietnam Replants Its Forests(베트남, 전쟁이 할퀸 풍경에 다시 숲을 가꾸다)," *Yale Environment* 360, November 4, 2010, e360.yale.edu/features/in_war-scarred_landscape_vietnam_replants_its_forests.

2. "The Context of REDD+in Vietnam: Drivers, Agents and Institutions(베트남 REDD+의 배경: 운전자, 에이전트, 협회)," Center for International Forestry Research, 2017, www.cifor.org/library/3737/thecontext=of-redd-in-vietnam-drivers-agents-and-institutions/.

3. Ibid.

4. Ibid.

5. Ibid.

6. Don J. Melnick, Mary C. Pearl and James Warfield, "A Carbon Market Offset for Trees(탄소 시장의 삼림 보완)," *New York Times*, January 19, 2015, www.nytimes.com/2015/01/20/opinion/a-carbon-offset-market-for-trees.html?mcubz=1.

7. *Stern Review: The Economics of Climate Change*(스턴 보고서: 기후변화의 경제학), http://unionsforenergydemocracy.org/wp-content/uploads/2015/08/sternreview_report_complete.pdf.

8. 탄소 545억 4600미터톤에 상당하는 양.

9. "Toward a Global Baseline of Carbon Storage in Collective Lands(공동의 토지에서 전 세계 탄소 저장의 기준치를 향하여)," Rights and Resources Initiative, November 2016, www.rightsandresources.org/wp-content/uploads/2016/10/Toward-a-Global-Baseline-ofCarbon-Storage-in-Collective-Lands-November-2016-RRI-WHRC-WRI-report.pdf.

10. Ibid.

11. "Context of REDD+ in Vietnam(베트남 REDD+의 배경).

12. 원주민과 지역 공동체는 관례적으로 세계 토지의 최소 50퍼센트를 요구하지만 법적으로 10퍼센트만 소유하고 있다.

| 8장 | 책임감 갖기

1. "State of the Climate 2016(2016년 기후 상태 보고서)," Australian Government Bureau of Meteorology, 2017, www.bom.gov.au/state-of-the-climate/.

2. Damien Cave & Justine Gillis, "Large Sections of Australia's Great Reef Are Now Dead, Scientists Find(오스트레일리아의 그레이트리프가 대부분 죽어가고 있음을 과학자들이 발견하다)," *New York Times*, March 15, 2017, www.nytimes.com/2017/03/15/science/great-barreir-reef-coral-climate-change-dieoff.html?mcubz=1.

| 9장 | 누구도 뒤처지지 않도록

1. Robert Jones, "Brunswick Mine Closes Bathurst-Area Operation(브런 즈윅 광산, 배서스트 지역에서 작업 폐쇄)," CBS News, May 1, 2013, www. cbc.ca/news/canada/new-brunswick/brunswick-mine-closes-bathurst-area-operation-1.1335287.

2. Nadja Popovich, "Today's Energy Jobs Are in Solar, Not Coal(오늘날 의 에너지 일자리, 석탄이 아닌 태양에서)," *New York Times*, April 25, 2017, www.nytimes.com/interactive/2017/04/25/climate/today-energy-jobs-are-in-solar-not-coal.html?mcubz=1&_r=0.

3. Anmar Frangoul, "9.8 Million People Employed by Renewable Energy, According to New Report('뉴 리포트'에 따르면 980만 명이 재 생 에너지 분야에 고용되어 있다)," CNBC, May 24, 2017, www.cnbc. com/2017/05/24/9-point-8-million-people-employed-by-renewable-energy-according-to-new-report.html.

4. "2017 U.S. Energy and Employment Report(2017 미국 에너지 및 고용 보고서)," U.S. Department of Energy, January 2017, www.energy.gov/downloads/2017-us-energy-and-employment-report.

5. "Renewable Energy and Jobs — Annual Review 2017(재생 에너지와 일 자리—2017 연간 보고서)," International Renewable Energy Agency, May 2017, www.irena.org/menu/index/aspx?mnu=Subcat&PrimenuID=36&CatID=141&SubcatID=3852.

6. "Richard Branso's Big Idea for Building a Better Version of Capitalism(더 나은 자본주의 형태를 구축하기 위한 리처드 브랜슨의 계획)," *Economist*, October 6, 2012, www.economist.com/node/21564197.

7. Mission 2020, www.mission2020.global.

8. Repower Port Augusta, www.repowerportaugusa.org.

| 10장 | 파리—실행을 향한 도전

1. Chistiana Figueres et al., "Three Years to Safeguard Our Climate(3년간 의 기후 보호 정책)," *Nature*, June 28, 2017, www.nature.com/news/three-years-to-safeguard-out-climate-1.22201#b1.

2. World Health Organization, "Household Air Pollution and Health(가정 의 공기 오염과 건강)," fact sheet no. 292, February 2016, www.who.int/

mediacentre/factsheets/fs292/en/.

3. World Bank, "Solar Powers India's Clean Energy Revolution(태양열 발전, 인도의 청정 에너지 혁명)," www.worldbank.org/en/news/immersive-story/2017/06/29/solar-powers-india-s-clean-energy-revolution.

4. Figueres et al., "Three Years to Safeguard Our Climate."

5. Steve Hanley, "China Doubled Its Solar Capacity in 2016(2016년 중국, 태양열 용량을 두 배로 늘리다)," *CleanTechnica*, February 9, 2017, www.cleantechnica.com/2017/02/09/china-doubled-solar-capacity-216/.

6. Brian Wang, "Solar Power in 2020 World Will Nearly Triple Current Levels to about 450 GW and Global Wind Power Will Be about 750 GW(2020년, 전 세계 태양열 발전은 현행 수준의 세 배인 약 450기가와트까지, 전 세계 풍력 발전은 약 750기가와트까지 증가할 것으로 전망한다)," *NextBigFuture*, March 22, 2016, www.nextbigfuture.com/2016/03/solar-power-in-2020-world-will-nearly.html.

7. Figueres et al., "Three Years to Safeguard Our Climate."

8. Federal Democratic Republic of Ethiopia, "Intended Nationally Determined Contribution (INDC) of the Federal Democratic Republic of Ethiopia (에티오피아 연방 민주공화국의 국가별 온실가스 감축 기여 방안(INDC))," United Nations Framework Convention on Climate Change, www4.unfccc.int/submissions/INDC/Published%20Documents/Ethiopia/1/INDC-Ethiopia-100615.pdf.

9. Maina Waruru, "Kenya on Track to More Than Double Geothermal Power Production(케냐, 지열 발전에 의한 에너지 공급 두 배 이상 증가 추세)," *Renewable Energy World*, June 15, 2016, www.renewableenergyworld.com/articles/2016/06/kenya-on-track-to-more-than-double-geothermal-power-production.html.

10. Figueres et al., "Three Years to Safeguard Our Climate."

11. Paul Hawken, ed., *Drawdown: The Most Comprehensive Plan Ever Proposed to Reverse Global Warming*(감축: 지구온난화를 역전시키기 위한 역대 가장 포괄적인 계획), (New York : Penguin Books, 2017).

12. Figueres et al., "Three Years to Safeguard Our Climate."

13. 전 세계 지도자들로 이루어진 독립 단체로, 희망과 인권을 위한 협력을 목적으로 2007년에 넬슨 만델라가 설립했다.

14. One Planet Summit, www.oneplanetsummit.fr.

기후정의: 지속가능한 미래를 향한 희망, 회복력 그리고 투쟁

초판 1쇄 발행 | 2020년 5월 31일

지은이 | 메리 로빈슨·케이트리오나 팔머
옮긴이 | 서민아
펴낸이 | 이은성
편 집 | 구윤희
교 정 | 문해순
디자인 | 최승협
펴낸곳 | 필로소픽
주 소 | 서울시 동작구 상도동 206 가동 1층
전 화 | (02) 883 - 9774
팩 스 | (02) 883 - 3496
이메일 | philosophik@hanmail.net
등록번호 | 제379 - 2006 - 000010호

ISBN 979 - 11 - 5783 - 179 - 1 03330

필로소픽은 푸른커뮤니케이션의 출판브랜드입니다.

이 도서의 국립중앙도서관 출판시도서목록(CIP)은 서지정보유통지원시스템 홈페이지
(seoji.nl.go.kr)와 국가자료공동목록시스템(www.nl.go.kr/kolisnet)에서 이용하실 수 있
습니다. (CIP제어번호: CIP2020017655)